Georg Grützmacher

Die Bedeutung Benedikts von Nursia und seiner Regel in der

Geschichte des Mönchtums

Georg Grützmacher

Die Bedeutung Benedikts von Nursia und seiner Regel in der Geschichte des Mönchtums

ISBN/EAN: 9783744709514

Hergestellt in Europa, USA, Kanada, Australien, Japan

Cover: Foto ©ninafisch / pixelio.de

Weitere Bücher finden Sie auf **www.hansebooks.com**

Die

Bedeutung Benedikts von Nursia

und seiner

Regel in der Geschichte des Mönchtums.

––––––––––

Theologische Dissertation

zur

Erlangung des Grades eines Licentiaten der Theologie

bei der

hochwürdigen theologischen Facultät

der

Ruprecht-Karolinischen Universität zu Heidelberg

eingereicht und genehmigt.

Von

Dr. phil. Georg Grützmacher.

Berlin.

MAYER & MÜLLER.

1892.

Register.

§ 1.

Die Quellen und der Wert der Quellen des Lebens Benedikts von Nursia.

Zu den in der Geschichte des Mönchtums bekanntesten und berühmtesten Männern gehört unstreitig Benedikt von Nursia. Durch zahlreiche Schriften, die wir über das Leben dieses Mönchheiligen besitzen, scheint es auch, als ob wir über ihn sehr gut unterrichtet wären. Folgende Quellen, die wir nach ihrer mutmasslichen Abfassungszeit ordnen, berichten über sein Leben:

1) Carmen de S. Benedicto auctore Marco poeta, ipsius discipulo.

2) S. Gregorii Magni dialogorum de vita et miraculis patrum Italicorum et de aeternitate animarum liber II (um 593 abgefasst).

3) Carmen de S. Benedicto auctore Berthario, abbate Casinensi aus dem 9. Jahrhundert.

4) Historia miraculorum S. Benedicti auctore Areualdo monacho Floriacensi. († 878).

5) Hymnus de S. Benedicto auctore Alphano ex monacho Casinensi archiepiscopo Salernitano aus dem 11. Jahrhundert.

6) Historica relatio de corpore S. Benedicti auctore Petro Diacono, monacho Casinensi. († 1140).

7) Chronicon Casinense auctore Leone, episcopo Ostiae, et Petro Diacono, monacho Casinensi. († 1140).

8) De viris illustribus Casinensibus auctore Petro Diacono. († 1140).

9) Historia translationis S. Benedicti et Scholasticae in
Galliam auctore Adalberto, monacho Floriacensi aus dem
12. Jahrhundert.[1])

Vergegenwärtigen wir uns die Zeit, aus der alle diese
Quellen mit Ausnahme des Gedichts des Marcus und der
Lebensbeschreibung Gregors stammen, so sind sie über drei
Jahrhunderte nach dem Tode Benedikts abgefasst. Es ist
daher schon an sich sehr unwahrscheinlich, dass diese Quellen
historischen Wert haben. In der That sind auch alle diese
Schriften, wenn man sie auf ihren Inhalt betrachtet, ganz
unhistorische Ergänzungen oder Ausschmückungen der Schrift
Gregors. Aber auch das Gedicht des Marcus, eines Schülers
Benedikts, kommt als Geschichtsquelle für das Leben Benedikts
nicht in Betracht. Zunächst ist seine Echtheit nicht über
jeden Zweifel erhaben, da es Gregor nicht kennt, aber selbst
wenn es echt sein sollte, bietet sein Inhalt, der nichts als
eine phrasenhafte Verherrlichung Benedikts ist, für sein Leben
keine Ausbeute[2]) Es bleibt also als Quelle für das Leben
Benedikts nur die Lebensbeschreibung Gregors und das, was
sich etwa aus seiner Regel für sein Leben entnehmen lässt,
übrig. —

---

[1]) Die unter Nummer 2, 4, 6, 9 aufgeführten Quellen des Lebens
Benedikts von Nursia sind in den Act. S. S. Martii III, 273 ff. zu-
sammengestellt; die unter Nummer 1, 3, 5 bei Mabillon Act. S. Ord.
S. Ben. Saec. I, 28 ff. Die Schrift „De viris illustribus" von Petrus
Diaconus ist Paris 1566 gedruckt, d. Chronicon Casinense in Mon.
Germaniae IX S. S. VII, 581 ff.

[2]) Zuerst bei Paulus Diaconus, De gestis Langobardorum (M. G.
S. S. rer. langob. et Ital. Saec. VI—XI S. 64) lib I, c. 26 tritt uns eine
Bekanntschaft mit dem Carmen des Marcus entgegen: Haec omnia
ex Marci Poetae carmine sumpsi, qui apud eundem Patrem (scl
Benedictum) huc veniens, aliquid de laude versus composuit. Ein
späterer Chronist dagegen Sigbertus Gemblacensis De scriptoribus
ecclesiasticis c. 88 (Migne P. L. 160, 555) hält das Carmen lediglich
für einen Auszug aus Gregor: „Marcus poeta vitam a Gregorio descriptam defloravit heroico breviloquio et pauca supperaddidit.

Aber auch die Lebensbeschreibung Gregors ist von geringem historischen Werte. Es gilt von ihr das Urteil, das Weingarten im allgemeinen über die Biographien der Mönchsheiligen ausgesprochen hat: „In diesen Schriften stellt sich die Fortsetzung des antiken Romans und die Grundlage der kirchlichen Volksdichtung des Mittelalters dar."[1]) Gregors Werk ist voll von Wundererzählungen, die sogar alles überbieten, was bisher Legendensammler von ihren Heiligen berichtet haben. Wenn Gregor auch behauptet die Mitteilungen über seinen Heiligen unmittelbar von vier Schülern Benedikts, Konstantin, seinem Nachfolger in der Leitung Monte Cassinos, Valentinian, dem Abte des Klosters am Lateran, Simplicius, dem dritten Abte von Monte Cassino, und Honorat dem Abte von Subiaco, erhalten zu haben, so ist dies keine Bürgschaft für den historischen Wert seiner Biographie.[2]) Auch Sulpicius Severus, der Schüler Martins von Tours, schrieb kurze Zeit nach dem Tode seines Meisters eine mit den abgeschmacktesten Wundern ausgestattete Biographie des heiligen Martin. Die damalige Zeit konnte sich eben keinen grossen Mann ohne Wunder denken und Gregor, der in dieser Beziehung ganz ein Kind seiner Zeit war und ihrem Geschmacke Rechnung trug, hat gewiss die von den Schülern Benedikts erzählten Wunder aus dem Leben ihres Meisters zu vermehren und zu vergrössern kein Bedenken getragen. Wenn man daher feststellen will, was von dem Leben Benedikts sicher historisch ist, so bedarf die Biographie Gregors einer scharfen und gründlichen Kritik.

---

[1]) Weingarten „Mönchtum" R E³ X, 788.

[2]) Dial. lib II Praefatio (Migne P. L. 66, 126): Huius ego omnia gesta non didici, sed pauca, quae narro, quattuor discipulis illius referentibus agnovi: Constantino scilicet reverendissimo valde viro, qui ei in monasterii regimine successit, Valentiniano quoque, qui multis annis Lateranensi monasterio praefuit, Simplicio, qui congregationem illius post eum tertius rexit, Honorato etiam, qui nunc adhuc cellae eius, in qua prius commoratus fuerat, praeest. —

Man darf nicht kritiklos das Leben Benedikts nach Gregor referieren[1]) oder durch Auslassung der unglaublichsten Wundererzählungen eine willkürliche Auswahl[2]) aus ihm treffen.

§ 2.

Die Zeit des Lebens Benedikts von Nursia.

Über die Zeit des Lebens Benedikts scheint nach den Angaben kirchenhistorischer Werke[3]) kein Zweifel zu bestehen. Man findet sein Leben durchgängig vom Jahre 480 bis 543 und die Gründung von Monte Cassino im Jahre 529 angesetzt. Gregor berichtet uns aber weder sein Geburts- oder Todesjahr, noch das Gründungsjahr des Klosters Monte Cassino. Nur einen historischen Anhalt für die Lebenszeit Benedikts teilt er uns mit.[4]) Totila, der vorletzte König der Ostgothen, habe Benedikt in Monte Cassino aufgesucht, wo ihm von dem Mönchsheiligen vorausverkündet worden sei, dass er noch neun Jahre als König zu leben habe. Die Geschichtlichkeit dieser Begebenheit ist freilich keineswegs sicher, aber sie giebt doch einen Anhaltspunkt dafür, in welcher Zeit Gregor sich das Leben Benedikts dachte. Diese Begebenheit könnte nach der Angabe Procops,[5]) dessen Chronologie kritisch sicher ist, nur in das Jahr 542, in dem der Zug Totilas durch Kampanien

---

[1]) s. E. Schmidt „Benedikt" Wetzer u. Welte² 1888 II, 322.

[2]) s. Vogel „Benedikt" R. E³ II, 277.

[3]) Hase, „Kirchengeschichte" 1886 S. 166; Herzog, Kirchengeschichte herausgegeben von Koffmanne 1890 S. 376; Möller, Kirchengeschichte I, 391 ff.; E. Schmidt, Benedikt. Wetzer u. Welte³ II, 822; Vogel, Benedikt R. E³ II, 277.

[4]) Gregorii Magni dial. lib II. c. 15 (Migne P. L. 66, 162).

[5]) Procopius, De bello Gothico lib. III, 6 (Corpus L. S. Histor. Byzantinae ed. Dindorf II, 800—891): καὶ ὁ χειμὼν ἔληγε καὶ ἕβδομον ἔτος ἐτελεύτα τῷ πολέμῳ τῷδε ὃν Προκόπιος ξυνέγραψεν. Ἔπειτα δὲ Τωτίλας Καισήνην τε καὶ Πέτραν τὰ φρούρια εἷλεν. ὀλίγῳ τε ὕστερον . . . ἐς Καμπανοὺς δὲ καὶ Σαμνίτας αὐτίκα ἥκων Βενεβεντὸν πόλιν ἐχυρὰν καθεῖλεν.

stattfand, fallen. Dass aber Gregor diesen geschichtlichen
Anhalt für das Leben Benedikts willkürlich erfunden haben
sollte, ist nicht anzunehmen. Wahrscheinlich stammt diese
Nachricht von den Schülern Benedikts, den Gewährsmännern
seiner Biographie. In ihrer Erinnerung musste sich jedenfalls
eingeprägt haben, dass Benedikt noch zur Zeit der Verheerung
Kampaniens durch Totila am Leben gewesen war.
Jede andere Bestimmung des Lebens Benedikts, auch die
Mabillons, ist völlig unsicher. Mabillon[1]) schliesst folgender-
massen: Die Zerstörung von Monte Cassino fällt nach Paulus
Diaconus[2]) vor das Jahr 585. Sie kann aber nicht unter
König Autharis stattgefunden haben, sondern nur während
der zehn Jahre, in denen die Langobarden von Herzögen
regiert wurden, also um 580. Da aber bis zur Zerstörung
vier Äbte dem Kloster vorgestanden haben,[3]) und jeder von
ihnen mindestens 10 Jahre das Kloster geleitet hat, so sei
Benedikt nicht nach dem Jahre 544 gestorben. Mit diesen
Anhaltspunkten kombiniert Mabillon eine Nachricht aus der
Vita Mauri,[4]) die er jedoch durch Odo, den Überarbeiter der
Vita für misverstanden und falsch wiedergegeben hält. Auf
diese Weise ergiebt sich ihm der 21. März 543 als Todestag
Benedikts.[5]) Bei dieser Beweisführung steht zunächst das Jahr

---

[1]) Mabillon Act. S. Ord. S. Ben. Saec. I Praefatio 14 ff.
[2]) Paulus Diaconus, De gestis Langobardorum lib. IV, c. 17.
(Mon. Ger. S. S. rer. Langob. I, 122.)
[3]) Paulus Diaconus, De gestis Langobardorum lib. IV, c. 17.
(Mon. Ger. S. S. rer. Langob. I, 122.)
[4]) Vita Mauri. (Acta S. S. Jan. II, S. 327): Noctem vero illam,
quae duodecimo Kalendas Aprilis habebatur, et qua sacratissimum
vigilarum Paschae illucescebat sabbatum, . . . ieiunii pervigilem
duximus pro exitu eiusdem Patris nostri dilectissimi Benedicti
consummantes.
[5]) Mabillon Act. S. Ord. S. Ben. Praefatio S. 18: Esto huiusce
disputationis summa S. Benedictum XII Kalendas Apriles Sabbato
ante Dominicam Passionis anni Domini concepti 548 carne solutum
fuisse,

der Zerstörung des Klosters Monte Cassinos nicht sicher fest. Ferner ist die Annahme, dass jeder Abt zehn Jahre regiert hat, völlig aus der Luft gegriffen. Endlich gilt die Vita Mauri jetzt allgemein als eine Fälschung ohne jeden historischen Wert.[1]) Der ganze Beweis steht mithin auf sehr schwachen Füssen. — Wir haben allerdings noch eine Nachricht über das Todesjahr Benedikts in der Vita Placidi, wo als solches das Jahr 542 genannt wird.[2]) Da aber diese Vita auch eine ganz unhistorische Legende aus dem neunten Jahrhundert ist, so ist ihre Angabe des Todesjahr Benedikts ebenfalls völlig wertlos. —

Wir müssen endlich noch zwei verschiedene Ansetzungen des Todes Benedikts, die sich im Chronicon Casinense finden, berücksichtigen: nach Leo Marsicanus[3]) wäre Benedikt 542, nach Petrus Diaconus[4]) 509 gestorben. Diese Data gehen aber beide nicht auf ältere Ueberlieferung zurück, sondern das erste ist aus der Vita Placidi, das zweite aus der Vita Mauri entlehnt.

Die Ansetzung des Geburtsjahres Benedikts auf 480 und des Gründungsjahres Monte Cassinos auf 529 beruht ebenfalls

---

[1]) s. unten § 7 S. 51. Anm. 2.

[2]) Acta S. Placidi auctore Pseudo-Gordiano (Act. S. S. Oct. III, 187) c. 7: His quoque temporibus beatissmus pater Benedictus . . . feliciter migravit ad Dominum anno Verbi incarnationis quadragesimo secundo et quinquagesimo, cum praefuisset in Casinensis coenobii regimine annis quattuordecim, sepultus est ibidem ante aram S. Baptistae Johannis. —

[3]) Chronicon Casinense Leonis Marsicani (Mon. Ger. IX S. S. VII S. 580) tib. I c. 1: Post haec idem santus vir ea die, qua sacrosancti paschae sabbatum illucescebat, duodecimo videlicet Kalendas Aprilis in oratorium S. Johannis baptistae a discipulis se ferri praecipiens inter ipsorum manus orans migravit ad Dominum anno quidem incarnationis eius 542 indictione quinta.

[4]) Chronicon Casinense Petri Diaconi (Mon. Ger. IX S. S. VII S. 753) lib. III c. 73: Otto migravit ad Dominum anno dominicae incarnationis 1087, a patris autem Benedicti transitu anno 579, cum praefuisset in huius monasterii regimine annis 29.

auf vager Kombination derselben Quellen, aus denen man sein
Todesjahr berechnet hat. Durch die obige Kritik der Quellen
werden mithin diese Data ebenfalls hinfällig.[1] — Als Resultat
der Untersuchung über die Zeit des Lebens Benedikts von
Nursia ergiebt sich: man muss sich begnügen seine Lebenszeit
auf den einen oben genannten geschichtlichen Anhalt in der
Biographie Gregors in den Ausgang des fünften und die
erste Hälfte des sechsten Jahrhunderts zu setzen. —

§ 3.
Das Leben Benedikts von Nursia.

Als einzige Quelle für das Leben Benedikts mit Ausnahme seiner Regel haben wir oben die Biographie Gregors
erkannt. Aber auch sie hat nur geringen geschichtlichen Wert[2]).

[1] Mabillon Act. S. Ord. S. Ben. Saec. I Praefatio S. 11; S.
Benedicti annum 480 natalem non tam veterum probat auctoritas
quam recentiorum scriptorum consensus.
Mabillon Ann. Ord. S. Ben. Tom. I c. 4. S. 3: Natalem beati
Patris annum octogesimum supra omnes post Baronium animi consensu
assignant: cuius calculi ante annos trecentos auctores lego Casinates
et Sublacenses nostros eiusdemque approbatorem Ambrosium Camal-
dulensem monachum, qui cum Casinense Leonis Marsicani Chronicon
rogatu nostrorum Casinatium expoliret, vulgatam, quam certioris
defectu cum aliis sequemur, S. Benedicti chronologiam praetexuit.

[2] Der Jesuit Harduin († 1729) (s. Weber, die Möncherey oder
geschichtliche Darstellung der Klosterwelt I, 202 u. 208 und Wetzer
u. Welte² V, S. 1502 ff.) ist soweit gegangen die Behauptung aufzustellen, dass überhaupt kein Benedikt von Nursia gelebt hat,
sondern die Phantasie Gregors diesen Mann geschaffen. Diese An-
sicht bedarf jedoch für jeden, der die Biographie Gregors gelesen
hat, keiner Widerlegung. Hat doch dieser Kritiker alle Werke des
Altertums mit Ausnahme der Schriften Ciceros, der Naturgeschichte
des Plinius, der Georgika Vergils und der Satiren und Episteln des
Horaz für Mönchsprodukte aus dem dreizehnten Jahrhundert gehalten.
Die Regel Benedikts von Nursia erklärte er natürlich auch für
unächt. Mit diesen seinen Behauptungen ist er aber bis jetzt völlig
allein geblieben. —

Wir wollen hier nun nicht die Wundererzählungen
Gregors, die den Wunderthaten des Elia und Elisa nachge-
bildet sind, wiedergeben, sondern nur zu ermitteln suchen,
was von dem Leben Benedikts wirklich oder einigermassen
historisch sicher erscheint. Hierbei dürfen wir nicht eine
willkürliche Auswahl aus der Biographie Gregors treffen, indem wir etwa die Ereignisse, die an sich nicht unglaublich
erscheinen, berichten; denn wenn auch z. B. die Flucht
Benedikts aus Rom[1]), die ihn nach Effide führte, zunächst
nicht unglaublich ist, so zeigt doch schon eine Reflexion auf
das angebliche Alter Benedikts zur Zeit seiner Möncherei in
Effide und Subiaco, wohin er sich in Begleitung seiner Amme
begeben haben soll, dass wir uns hier auf sagenhaftem Boden
befinden. — Als eigentlich historische Nachrichten über das
Leben Benedikts sind nur die Ortsnamen seiner Wirkungs-
stätten und die Personennamen seiner Schüler zu bezeichnen.
Denn wenn es zwar in Biographien von Mönchsheiligen nicht
unerhört ist, dass man auch Personen- und Ortsnamen erfunden hat, um Lücken in ihrer Geschichte auszufüllen und
bestimmte Orte zu verherrlichen, so sind doch die Namen,
welche uns Gregor überliefert wie z. B. Effide, Subiaco,
Terracina für eine derartige Annahme wenig verführerisch.
Die Namen dieser zu seiner Zeit zum Teil völlig bedeutungs-
losen Orte mit der Geschichte seines Mönchsheiligen zu ver-
weben, konnte Gregor kein Interesse haben. Sie beruhen
daher sicher auf der Ueberlieferung der Schüler Benedikts.
Es verhält sich also mit der Biographie Gregors fast wie mit
den Patriarchengeschichten der Genesis, deren historischer
Kern auch in den Namen heiliger Orte, heiliger Bäume und
Brunnen oder in alten Geschlechtsnamen besteht. —
Als sicher von dem Leben Benedikts steht mithin fest,
dass er, in Nursia in Kampanien geboren, sich nacheinander

---

[1]) Gregorii Dial. lib. II c. 1. (Migne P. L. 66, 126 ff.)

in Rom, Effide [1]) und Subiaco, wo er ein Kloster gründete,
aufgehalten hat. In Kampanien auf dem Gipfel des Berges
Casinus erbaute er dann an Stelle eines Apollotempels zwei
dem heiligen Martin und Johannes dem Täufer [2]) geweihte
Kapellen und gründete ein Kloster, dem er seine später so
berühmt gewordene Regel hinterliess. Auf Bitten eines Vornehmen sandte er von hieraus einige seiner Schüler zu einer
Klostergründung nach dem Muster Monte Cassinos nach
Terracina in Kampanien.

Unter seinen Schülern treten nach der Biographie Gregors
Maurus und Placidus am meisten hervor. Auch mit seiner
Schwester Scholastica, die in der Nähe Monte Cassinos als Asketin
lebte, scheint er einen innigen Verkehr unterhalten zu haben. —
Von allen übrigen Einzelheiten, die uns Gregor berichtet,
lässt sich nichts weiter sagen, als dass sie zum Theil wenigstens
nicht unmöglich sind. Die Orts- und Personennamen sind
jedenfalls die Krystallisationspunkte gewesen, um die sich die
Wundererzählungen und die übrigen ausschmückenden Ge-
schichten, die grösstenteils lehrhaften Zweck haben, bildeten. —
Der Regel Benedikts, deren Ächtheit wir hier voraus-
setzen, lässt sich auch nicht viel für das Leben und die geistige
Bedeutung Benedikts entnehmen. Sie zeigt zunächst, dass
ihr Verfasser Kenntnis der heiligen Schrift und der aller-
geläufigsten asketischen Litteratur der Zeit besass. Er kennt
nach ihrem ausdrücklichen Zeugnis [3]) die Regel des Basilius

---

[1]) Effide ist das jetzige Alfidena in Abruzzo citeriore.

[2]) Johannes der Täufer galt schon früh als Anfänger und Patron
des Mönchtums s. Hieronymus Vita S. Pauli Eremitae (Migne P. L. 28,
17) c. 1: Inter multos saepe dubitatum est. a quo potissimum monoa-
chorum eremus habitari coepta sit. Quidam . . . a beato Elia et
Johanne sumpsere principium.

[3]) Regula S. Ben. c 73 (Holstenius I, 185): Aut quis liber Sanctorum
et Catholicorum Patrum hoc non resonat, ut recto cursu perveniamus ad
Creatorem nostrum? Nec non et Collationes Patrum et Instituta et
Vitas eorum, sed et Regula S. Patris nostri Basilii, quid aliud sunt, nisi
bene viventium et oboedientium monachorum instrumenta virtutum?

und die Collationes et Vitae Patrum d. h. die Schriften Kassians
und die Biographien der Mönchsheiligen. Ein Hinweis darauf,
dass er z. B. über das Leben des heiligen Martin von Tours
unterrichtet war, kann wohl in der Nachricht Gregors[1]) gefunden werden, dass er die eine zu Monte Cassino erbaute
Kapelle diesem Mönchsheiligen weihte. —

§ 4.
Untersuchung der Echtheit der Regel Benedikts von Nursia.

Als das einzige echte Werk Benedikts,[2]) das als solches
mit der einzigen Ausnahme des Jesuiten Harduin[3]) auch stets
anerkannt ist, gilt seine Regel. Eine Untersuchung über die

---

[1]) Gregorii Dial. lib. II c. 8. (Migne P. L. 66, 152).

[2]) Die anderen Werke, die man früher Benedikt zugeschrieben
hat (Migne P. L. 66, 932—42):

1) Epistola ad Remigium Rhemorum Antistitem.
2) Sermo in morte S. Placidi.
3) Sermo habitus in discessu S. Mauri et sociorum.
4) Epistola ad S. Maurum missa.
5) Ordo, qualiter Fratribus in Monasterio religiose conversari
oportet;

sind meist schon durch Mabillon (Act. S. Ord. S. Ben. Praefatio S. 20)
als sicher unecht erwiesen, da Gregor und auch noch Chronisten des
12 ten Jahrhunderts wie Honorius von Autun († 1120) (Migne P. L.
172, 229, De scriptoribus ecclesiasticis III, 130) und Sigbertus von
Gembloux († 1112) (Migne P. L. 160, 854, De scriptoribus ecclesiasticis c. 88) nur die Regel Benedikts als sein Werk erwähnen. Für die
einzigen Werke Benedikts, die Mabillon noch anerkannt hatte,
die Rede und den Brief Benedikts an d. h. Maurus, weil er als Mauriner ein Interesse an der Geschichtlichkeit der Sendung des h. Maurus
nach Gallien hatte, hat er nur ganz schwache Gründe vorgebracht.
(Ann. Ord. S. Ben. I Appendix I Apologia missionis S. Mauri in
Galliam S. 629—42) Auch ihre Unechtheit ist jetzt in wissenschaft-
lichen Kreisen anerkannt.

[3]) s. oben § 3 Anm. 2 S. 7.

Echtheit dieser Regel ist aber noch niemals angestellt worden.
Es kommen dabei insbesondere drei Fragen in Betracht:
1) Geht die Regel auf Benedikt von Nursia zurück?
2) Liegt sie uns in der ursprünglichen Form vor?
3) Hat Benedikt etwa nur eine schon vorhandene Regel
erweitert, beziehungsweise umgeändert?

1) Die früheste Nachricht über die Existenz der Regel
Benedikts ist uns bei seinem Biographen Gregor erhalten.[1])
Sie verbürgt uns aber nichts weiter, als das Benedikt eine
Regel, die Gregor als ein ausgezeichnetes Werk preist, ge-
schrieben hat. —

Wir haben aber noch fünfzehn verschiedene Codices, die
älter als das Jahr 1000 sind und die Regel Benedikts von
Nursia enthalten. Sie sind allerdings, wie die gründliche
Untersuchung von E. Schmidt zeigt[2]), nicht alle von einander
unabhängig, sondern zerfallen in zwei Klassen. Der älteste
der ersten Klasse ist der Codex Oxoniensis aus dem siebenten
Jahrhundert, der der zweiten der Codex Tegernensis aus dem
achten Jahrhundert. Im wesentlichen stimmen sie überein,
die bedeutendste Abweichung findet sich im Prolog der Regel,
der in der Redaktion des Codex Tegernensis erweitert vorliegt[3]). Da nun sämmtliche Handschriften die Regel auf
Benedikt von Nursia zurückführen, so wird die Annahme,

---

[1]) Gregorii Dial. lib II c. 86 (Migue P. L. 66, 200): Nam scripsit
monachorum regulam discretione praecipuam, sermone luculentam,
cuius si quis velit subtilius mores vitamque cognoscere, potest in eadem institutione regulae omnis magisterii actus invenire, quia sanctus
vir nullo modo potuit aliter docere, quam vixit.
[2]) s. E. Schmidt Prolegomena S. XII, Reg. S. Ben. Regensburg 1880.
[3]) E. Schmidt Prol. S. XVI Reg. S. Ben. Regensburg 1880. Diese
Ausgabe der Regel ist jetzt unstreitig die beste. Dennoch geben wir
die Citate der Regel nach der Ausgabe von Holstenius-Brockie, Codex
Regularum Tom. I Augsburg 1759., weil sie die bekannteste und zugäng-
lichste ist. Nur wo der Text abweicht, geben wir die Lesart nach
Schmidt.

dass die Regel eine Fälschung ist, sehr unwahrscheinlich [1]). Es ist ferner noch anzuführen, dass Karl der Grosse sich eine Abschrift aus Monte Cassino, von dem angeblichen Original der Regel, hat kommen lassen [2]). Die ersten Regeln waren wahrscheinlich wohl aus Gallien oder Angelsachsen gekommen. Jetzt ist nun zugleich eine unmittelbare aus Monte Cassino besonders vorhanden. Es wird aber dadurch erwiesen, dass man damals in Monte Cassino keine wesentlich andere Redaktion der Regel hatte, als wir heute. Die Einflüsse einer solchen könnten in unseren Handschriften nicht fehlen.

2) Es bleibt also noch die zweite Frage, ob die Regel uns in der ursprünglichen Form vorliegt. Am Ende des siebenten Jahrhunderts ist die Regel Benedikts jedenfalls in der Form, in welcher wir sie besitzen, vorhanden. [3]) Veränderungen der ursprünglichen Regel müssen also vor diese Zeit fallen. —

[1]) Die eigenhändigen Handschriften der Regel, von denen die eine Maurus nach Frankreich gebracht haben, die andere sich in Monte Cassino befinden sollte, existieren, wenn sie überhaupt je existiert haben, nicht mehr. Die in Monte Cassino noch jetzt vorhandene Handschrift stammt nach Mabillons Urteil aus dem zwölften Jahrhundert s. Mabillon Ann. Ord. S. Ben. Tom I lib. V c. 15 S. 119, De regulae autographo und E. Schmidt, Prolegomena. S. X Reg. S. Ben. Regensburg 1880.

[2]) Jaffé, Monumenta Carolina (Bibl. Rer. Germ. IV, 859) ep. carol. XII (wahrscheinlich aus dem Jahre 787): Theodemar abbas Casinensis Carolo I, regi Francorum mittit regulam S. Benedicti, hymnos, pondus panis, mensuram potus, promissionis monachicae exemplum. — Auxit enim nostrum illa res gaudium, quia vestram excellentiam de virtute in virtutem succrescentem, Dei agrum studiose excolere addidicimus ac monachorum religionem ad meliorem perducere statum. Qua de re quia ad beati patris nostri Benedicti doctrinam et luculenta exempla aliquos monachorum regionis illius vestrae clementiae informari placuit, iuxta praeceptionem vestram en vobis regulam eiusdem beati patris de ipso codice, quem ille suis sanctis manibus exaravit transscriptum direximus. —

[3]) s. oben § 4 S. 11.

Zunächst hat Oudinus[1]) die Ursprünglichkeit der uns vorliegenden Regel bezweifelt. Er behauptet, dass die Regel den Eindruck mache von mehreren geschrieben zu sein. Bei dieser Annahme allein erkläre sich ihre Abfassung im Plural. Dieser Einwand ist aber hinfällig: wir ersehen aus anderen Mönchsregeln, dass bei ihrer Abfassung die Pluralform die gebräuchlichste ist. Andrerseits wird aber von einem genauen Beobachter durchweg der Eindruck gewonnen, dass diese Regel das Werk eines Mannes ist, wenn damit auch nicht ausgeschlossen ist, dass sich in ihr Zusätze von späterer Hand finden mögen. —

Andere Bedenken gegen die Ursprünglichkeit der uns vorliegenden Regel liessen sich daraus erheben, dass sich Benedikt als pius pater und magister bezeichnet[2]). Diese Worte erlauben aber keineswegs den Schluss, dass sie von einer anderen Hand stammen. In derartigen Selbstbezeichnungen, die sich auch bei Verfassern anderer Mönchsregeln finden, ist es einfach der Abt beziehungsweise der Klosterstifter, der in seiner amtlichen Stellung redet. Derselbe

---

[1]) Oudinus, De scriptoribus ecclesiasticis antiquis illorumque scriptis adhuc exstantibus in celeberioribus bibliothecis 1722 Tom I, 1414: Quamvis autem hanc regulam Divo Benedicto Abbati Casinensi abnegare nolim, non desunt tamen argumenta ex ipsa lectione et contextura petita, quibus eruditi credunt non esse opus a solo Benedicto Abbate compositum sed factum ex communi suffragio totius Congregationis Monachorum, unde non tamquam Abbas privatus sed plurali nomine totius velut Congregationis loquitur.

[2]) Reg. S. Ben. prologus (Holstenius I, 118): Ausculta, o fili, praecepta magistri et inclina aurem cordis tui, et admonitionem pii Patris libenter excipe et efficaciter comple. Diese Worte können nur auf den Verfasser der Regel bezogen werden. Die Erklärung katholischer Ausleger, die nach dem Vorgange des Petrus Damiani (Migne P. L. 66 Reg. commentata S. 204 ff) unter pius pater und magister den heiligen Geist verstanden wissen wollen, verdient nur als Kuriosum bemerkt zu werden. —

Mann, der sich mit derartigen Titeln bezeichnet, kann daher seine Regel „minima inchoationis regula" nennen[1]). — Aus einigen anderen Stellen der Regel kann vielleicht ein Schluss gegen ihre Ursprünglichkeit gezogen werden. Die Definitionen über den ersten Grad der Demut c. 5 und c. 7 der Regel widersprechen sich[2]), auch die Pflichten des Abtes werden an zwei Stellen der Regel abgehandelt[3]). Der Widerspruch der Definitionen des ersten Grades der Demut ist aber lediglich formal und nicht sachlich. Auch der zweite Punkt ist nicht so auffallend in einer Regel, die keiner strengen Disposition folgt, sondern bisweilen etwas vorher Ausgelassenes und oberflächlicher Behandeltes nachholt oder durch genauere Bestimmungen ergänzt. — Anders steht es aber mit der Verordnung über das Institut des Propstes im Kloster, das wir c. 21 und c. 65 behandelt finden[4]). In c. 21 wird die Einsetzung eines Probstes in einem grösseren Kloster gefordert, in c. 65 dagegen wird die Ersetzung des Probstes durch die Thätigkeit der Dekane für wünschenswert erklärt. Die letztere Verordnung macht unverkennbar den Eindruck eines späteren Zusatzes zu der ur-

---

[1]) Reg. S. Ben. c. 73 (Holstenius I, 185)   Quisquis ergo ad patriam coelestem festinas, hanc minimam inchoationis Regulam descriptam adiuvante Christo perfice.

[2]) Reg. S. Ben. c. 5 (Holstenius I, 118): Primus humilitatis gradus est oboedientia sine mora. vgl. mit Reg. S. Ben. c. 7 (Holstenius I, 119): Primus itaque humilitatis gradus est, si timorem Dei sibi ante oculos semper ponens, oblivionem omnino fugiat et semper sit memor omnium, quae praecepit Deus, qualiter contemnentes Deum gehenna de peccatis incendat. —

[3]) Reg. S. Ben. c. 2 (Holstenius I, 116) u. c. 64. (Holstenius I, 183.)

[4]) Reg. S. Ben. c. 21 (Holstenius I, 128): Si maior fuerit congregatio eligantur de ipsis fratres et constituuntur decani . . . . Et de praeposito eadem constituimus. Reg. S. Ben. c. 65 (Holstenius I, 184): Et si potest fieri, per Decanos ordinetur, ut ante disposuimus, omnia utilitas monasterii, prout Abbas disposuerit; ut dum pluribus committitur, unus non superbiat.

sprünglichen Regel. Noch eine andere Erweiterung lässt sich in c. 9 nachweisen. Bei der Feier der Nokturnen soll nach der ursprünglichen Regel mit dem Verse: „Herr öffne meine Lippen, dass mein Mund deinen Ruhm verkündige" begonnen werden, ein späterer Zusatz stellt die Worte „Gott eile zu meiner Hülfe, Herr eile mir zu helfen" an den Anfang der Feier.[1] Auch in c. 59 zeigen vielleicht die Worte „quod experimento didicimus" an, dass wir es in der vorausgehenden Verordnung mit einer späteren Erweiterung der ursprünglichen Regel zu thun haben.[2] —

Es mögen noch weitere Zusätze in der Regel existieren, die vielleicht bei Dingen, die in der Praxis leicht einer Veränderung unterlagen wie z. B. die Feier der einzelnen Horen, zahlreich sein mögen, nachweisbar sind jedoch nur die oben genannten. Ob diese Erweiterungen der ursprünglichen Regel von Benedikt selbst oder einem späteren stammen, steht dahin. Das Letztere ist jedoch wahrscheinlicher und in einem der namhaft gemachten Fälle sicher.[3]

Es frägt sich endlich noch, ob nicht vielleicht der ganze letzte Teil der Regel ein späterer Zusatz ist. Eine Stelle in c. 66 könnte zu diesem Schlusse führen: Hanc autem Regulam saepius volumus in Congregatione legi, ne quis fratrum de ignorantia se excuset. Versteht man hier mit den ältesten Kommentatoren Paulus Diaconus[4] († 799),

---

[1] Reg. S· Ben. c. 9 (Holstenius I, 121) hat noch den späteren Zusatz in den Text aufgenommen, E. Schmidt Reg. S. Ben. S. 23 streicht ihn mit Recht, da er in den beiden ältesten Handschriften der Regel Codex Oxoniensis u. Tegernensis fehlt, wodurch er deutlich als späterer Zusatz erwiesen ist. —

[2] Reg. S. Ben. (Holstenius I, 182) c. 59: Atque ita omnia obstruantur, ut nulla suspicio remaneat puero, per quam deceptus perire possit, quod absit, quod experimento didicimus.

[3] s. oben Anm. 1.

[4] Paulus Diaconus, In sanctam regulam Commentarius, Monte Cassino 1880; die Echtheit dieses Kommentars, die von Angelus de

Smaragdus[1]) (um † 824) und Hildemarus[2]) (um † 850) unter regula
die Gesammtregel, so ist dieser Satz im Zusammenhange absolut
unpassend. Nachdem Benedikt eben über den Ostiarius und das
Klostergebäude gehandelt hat, kann er unmöglich das häufigere
Lesen der Regel einschärfen. Man könnte daher auf den
Gedanken verfallen, dass dieser Satz ursprünglich den Schluss
der Regel gebildet hat und die nachfolgenden Kapitel 67—73
ein späterer Zusatz sind. Um darüber nun entscheiden zu
können, prüfen wir die ältesten Handschriften der Regel, die
von ihr abhängigen Regeln und die ältesten Kommentare. —
     In allen Handschriften, deren älteste bis in das Ende
des siebenten Jahrhunderts zurückgeht[3]), finden sich die
Kapitel 67—73. Auch die ältesten Kommentatoren Paulus
Diaconus, Smaragdus, Hildemarus und Benedict von Aniane[4])
(† 821) erklären diese Kapitel.

Nuce, Edmund Martène, Erasmus Gattula bezweifelt ist, scheint mir
nach der gründlichen Untersuchung der Herausgeber (Praefatio I—XXIV
erwiesen zu sein; c. 66. S. 498: Quod antem dicit: Hanc Regulam
saepius in Congregatione volumus legi, de traditione Regulae dicit,
quia nil valet illa lectio, nisi fuerit eius ostensa ratio. vgl. auch
Bethmann „Paulus Diakonus" im Archiv d. Gesellsch. für ältere deutsche
Geschichtskunde X, 299 ff.

     [1]) Smaragdus, Commentarius in Reg. S. Ben. c. 66 (Migne P. L.
102, 924): Nos autem regulam nostram non solum semel in Kalendis
vel in hebdomada, sed etiam quotidie in collatione legimus, ut eius
praecepta cognoscere et ad purum intelligere valeamus et ... implere
operibus valeamus. —

     [2]) Hildemarus, Expositio Regulae, Regensburg 1880. Diese
Erklärung der Regel ist im wesentlichen eine Erweiterung des Commentarius von Paulus Diaconus. Sie nimmt in jedem Kapitel fast wörtlich die Erklärung des Paulus Diaconus hierüber, so auch c. 66 S. 6C6:
Quod enim dicit saepius volumus legi hanc regulam, de traditione
regulae dicit, quia nihil valet illa lectio, nisi fuerit eius traditio ad-
hibita. vgl. Bethmann, Paulus Diaconus, Archiv für ältere deutsche
Geschichtskunde X, 299 ff.

     [3]) s. oben § 4 S. 11.

     [4]) Benedikt von Aniane erwähnt allerdings c. 78 der Regel
Benedikts in seiner Concordia Regularum (Migne P. L. 108, 102 ff)

Von den älteren der Regel Benedikts abhängigen Regeln
scheint allerdings die anonyme Regula Magistri aus dem Ende
des achten Jahrhunderts für die Annahme, dass c. 67 ff.
ein späterer Zusatz sei, zu sprechen. Diese Regel handelt in
ihrem Schlusskapitel c. 95 von dem Pförtner. In derselben Weise
hätte nun auch die Regel Benedikts geschlossen, wenn c. 66
ursprünglich den Schluss gebildet hätte. Bei näherer Untersuchung zeigt sich jedoch, dass dem Verfasser der Regula
Magistri auch die c. 67 ff der Benediktinischen Regel nicht
unbekannt gewesen sind, da er in c. 28 seiner Regel c. 67
der Regel Benedikts benutzt.[1]

Noch sicherer ist die Bezeugung der Kapitel 67 ff. der
Regel Benedikts in der Regula Canonicorum des Bischofs
Chrodegang von Metz († 766), der zahlreiche Stellen aus
Kapitel 67—73 wörtlich citiert.[2]

nicht. Dies hat aber darin seinen Grund, dass dieses Kapitel, in dem
Benedikt von Nursia seine Regel „minima inchoationis regula“ nennt,
ihm für seinen Zweck nicht passend erschien. Es war ja gerade seine
Absicht in diesem Werke zu zeigen, dass die Regel Benedikts, die
damals schon universalkirchliche Bedeutung hatte, mit den älteren
Mönchsregeln übereinstimme und das vollkommenste Produkt auf
diesem Gebiete sei.

[1]) Reg. Magistri c. 28. (Holstenius I, 258): fratres in via dirigendi hoc praeceptum Abbatis vel Praepositorum suorum accipiant.
Reg. S. Ben. c. 67. (Holstenius I, 184): Dirigendi fratres in via
omnium fratrum vel abbatis se orationi commendent. —

[2]) Es existieren zwei kanonische Regeln Chrodegangs, die beide
häufig verwechselt worden sind, die ursprüngliche Regel (Migne P. L.
89, 1098 ff) und eine erweiterte Form derselben, die auf der Aachener
Versammlung 816 (817) von Ludwig dem Frommen adoptiert und
deren Beobachtung für die Kleriker obligatorisch gemacht wurde.
(Migne P. L. 89, 1059 ff.) Nur ein Vergleich der ersteren um 760
abgefassten Regel kommt hier für uns in Betracht. Chrodegang,
Regula Canonicorum c. 12: Vetetur in hoc canonico ordine omnis
praesumptionis occasio, jubemus atque instituimus, ut nulli liceat
quemquam parem suum excommunicare aut caedere. vgl. Reg. S.
Ben. c. 70: Vetetur in monasterio omnis praesumptionis occasio.

2

Auch die älteste Regel, von der wir wissen,[1]) dass ihr Verfasser Donatus c. 620 nach Brockie, die Regel Benedikts benutzt hat, kennt sie schon in der uns vorliegenden Form, wie dies aus einer ganzen Reihe von Stellen hervorgeht.[2]) Mithin, soweit wir den Text der Regel Benedikts verfolgen können d. h. bis zum Jahre 620 haben die Kapitel 67 ff einen Bestandteil der Regel gebildet. Es ist allerdings dadurch noch nicht ausgeschlossen, dass diese Kapitel ein Zusatz aus noch früherer Zeit sind. —

Wahrscheinlich muss aber der Schlusssatz in c. 66 überhaupt ganz anders nach dem Zusammenhang erklärt werden. Die Ausleger verstehen hier freilich unter regula die Gesammtregel, doch kann nach unserer Meinung regula hier nur eine

---

Ordinamus et constituimus, ut nulli liceat quemquam fratrum suorum excommunicare aut caedere; ferner Cbrod. Reg. Can. c. 13 vgl. Reg. S. Ben. c. 69, Cbrod Reg. Can. c. 11 vgl. Reg. S. Ben. c. 72.

[1]) Regula S. Donati Prologus (Holstenius I, 377) Quam ob causam saepius mihi iniungitis, ut explorata S. Caesaris Arelatensis episcopi regula, quae specialis Christi virginibus dedicata est, una cum beatissimorum Benedicti quoque et Columbani Abbatum ut puta quibusdam, ut ita dixerim, collectis in unum flosculis ad instar enchiridion semper excerpere vobis vel coacervare deberem. —

[2]) Reg. S. Don. c. 68. (Holstenius I, 375) vgl. mit Reg. S. Ben. c. 68.

Reg. S. Don. c. 68	Reg. S. Ben. c. 68
Si sorori aliqua forte gravia aut impossibilia iniungantur, suscipiat quidem iubentis imperium cum omni mansuetudine et oboedientia. Et si omnino virium suarum mensuram viderit pondus oneris excedere, impossibilitatis causa ei, quae sibi praeest, patienter et opportune suggerat, non superiendo aut resistendo vel contradicendo. —	Si cui fratri aliqua forte gravia aut impossibilia iniunguntur, suscipiat quidem iubentis imperium . . . . qui . . . .
Reg. S. Donati c. 74 (Holstenius I, 801.)	Reg. S. Ben. c. 69.
Reg. S. Donati c. 9 (Holstenius I, 880.)	Reg. S. Ben. c. 66.

Einzel-Vorschrift bedeuten und bezieht sich dann auf das vorhergehende Verbot des „foris evagari." Diese Bedeutung von regula wird durch den ältesten Kommentator der Regel Paulus Diaconus bezeugt, der am Schlusse jedes Kapitels hinzufügt „explicit Regula," wo regula den Sinn von Einzelvorschrift hat. —

Die Frage der Ursprünglichkeit der uns vorliegenden Regel beantwortet sich also dahin, dass der Text der Regel um 620, so weit wir ihn verfolgen können, dem unsrigen im wesentlichen gleich war. Nur wenige Zusätze von geringer Bedeutung, die wir oben angemerkt haben, finden sich in der uns vorliegenden Regel. Man könnte jedoch noch auf den Gedanken kommen, dass etwa schon Gregor der Grosse die Regel Benedikts erweitert oder umgearbeitet hat und, dass dann dieser Gregorianische Text der Regel überall durchgedrungen ist. Diese Annahme lässt sich aber zurückweisen. Aus den Briefen Gregors wissen wir, dass er eine ganze Reihe von Verordnungen über das Klosterleben gegeben hat, die von Benedikt abweichen. Er verbietet das Institut der Oblati, bestimmt als Aufnahmejahr ins Kloster das achtzehnte, er setzt das Noviziat auf zwei Jahre fest, Soldaten sollen sogar ein dreijähriges durchmachen.[1])

Wenn aber Gregor der Grosse eine Umarbeitung der Regel vorgenommen hätte, so hätte er sicher seine Anschauungen über die Gestaltung des Klosterlebens, in denen er von Benedikt abwich, in die ursprüngliche Regel eingearbeitet. —

3) Die dritte Möglichkeit endlich, die wir ins Auge gefasst haben, dass Benedikt etwa nur eine ältere Regel erweitert oder umgeändert hat, ist zunächst nicht abzuweisen.

---

[1]) Gregorii Magni epist. 51 lib I (Migne P. L. 77, 518) vgl. Reg. S. Ben. c. 59, de filiis, qui offeruntur (Holstenius I, 112.) Gregorii Magni ep. 24 lib X (Migne P. L. 77, 1088) vgl. Reg. S. Ben. c. 58. „Ueber das einjährige Noviziat" (Holstenius I, 181.)

2*

Die Regeln des Donatus, Chrodegangs und die anonyme Regula Magistri zeugen für ein derartiges Verfahren. Dagegen spricht aber, dass Benedikt im Schlusskapitel[1]) seine Regel ausdrücklich in eine Reihe mit der des Basilius stellt und es wohl kaum unerwähnt gelassen hätte, falls sie nur eine Überarbeitung einer ältern Regel gewesen wäre. —

§ 5.
Inhalt und Erklärung der Regel Benedikts von Nursia.

Um über die Bedeutung der Regel Benedikts ein Urteil fällen zu können, haben wir nicht nötig ihren Inhalt Kapitel für Kapitel wiederzugeben. Wir können uns auf die Charakteristik und die Hauptzüge, die wir in bestimmten Gruppen vorführen wollen, beschränken. —

Die Regel Benedikts trägt durch und durch einen legislatorischen Charakter. Benedikt begnügt sich nicht allgemeine Grundsätze über die Gestaltung des Klosterlebens aufzustellen und die Anwendung im Einzelnen den Oberen zu überlassen, er giebt mit der peinlichen Genauigkeit eines Gesetzgebers Verordnungen für alle möglicherweise eintretenden Fälle. Nur der Prolog und die ersten Kapitel c. 4—7 sind mehr erbaulich gehalten. Doch zeigt sich auch hier der Zug zur Schematisierung der Frömmigkeit, wenn er z. B. 72 Beförderungsmittel guter Werke aufzählt (c. 4) oder 12 Stufen der Demut unterscheidet (c. 7). —

I) Im Einzelnen betrachten wir zunächst die Aufnahme ins Kloster. Sie vollzieht sich in mehreren Stadien. Der,

---

[1]) Reg. S. Ben. (Holstenius I, 185) c. 78: Necnon et Collationes Patrum et instituta et vita eorum, sed et Regula sancti Patris nostri Basilii, quid aliud sunt, nisi bene viventium et oboedientium Monachorum exempla et instrumenta virtutum? Quisquis ergo ad patriam coelestem festinas, hanc minimam inchoationis regulam descriptam adiuvante Christo perfice. —

welcher die Aufnahme ins Kloster begehrte, musste sich vor-
erst durch beharrliches Anklopfen an der Klosterpforte be-
währen. Hat er vier bis fünf Tage gezeigt, dass er die gegen
seinen Eintritt erhobene Schwierigkeit geduldig erträgt, so
gestattet man ihm den Eintritt. Einige Tage bleibt er in
der Wohnung der Gäste, dann wird er in die Novizenzelle
aufgenommen. Ein Klosterältester wird ihm zugeordnet, der
ihm mit allem Schweren und Harten im Mönchstande bekannt
macht. Nach zwei Monaten wird ihm die Regel vorgelesen.
Bleibt er bei seinem Entschlusse, so wird er in die Novizenzelle zurückgeführt. Die Vorlesung der Regel wiederholt sich
nach weiteren 6 Monaten und zum letzten Male am Schlusse
des Jahres. Wenn dann der Novize willens ist, sich auf die
Regel zu verpflichten, wird er ins Kloster aufgenommen, das
er nun nicht mehr verlassen darf. (c. 58.)

Der Aufnahmeakt findet im Oratorium, dem für die
gottesdienstlichen Handlungen bestimmten Raum, statt. (c. 52.)
Schriftlich legt er hier die drei Gelübde der stabilitas,
conversio morum und oboedientia ab. Hierdurch verpflichtet
er sich zur beständigen Angehörigkeit an das Kloster, zur
Armut und Keuschheit, zum unbedingten Gehorsam gegen die
Oberen des Klosters. Das Aufnahmegesuch [1]) des Eintretenden
nennt die Namen der Heiligen, deren Reliquien sich im Kloster
befinden, und den Namen des gegenwärtigen Abtes. Er setzt
seine eigene Unterschrift darunter oder, wenn er nicht schreiben
kann, ein anderer für ihn, bringt aber selbst sein Handmal
an und legt es auf dem Altar im Oratorium nieder, wo sich
die Reliquien befinden. (c. 58.) Darauf erfolgt die Aufnahme.
Dieser Hergang kann natürlich nur bei Erwachsenen statt-
haben. Aber auch Kinder werden schon in frühester Jugend
von ihren Eltern zum Mönchsstande bestimmt. Der Vater

---

[1]) Unter petitio Reg. S. Ben. c. 58. (Holstenius I, 181) ist ein
Aufnahmegesuch zu verstehen, s. Du Cange VI, 296.

oder die Mutter muss dann das Aufnahmegesuch aufsetzen und es bei dem Aufnahmeakt in der Hand halten. Bei der Darbringung legen sie in beide Hände des Knaben die Abendmahlselemente und umwickeln die eine Hand des Knaben mit dem Altartuch [1]). Von wohlhabenden Eltern wird dabei gewöhnlich dem Kloster eine Schenkung gemacht, deren Nutzniessung sich die Eltern bis zu ihrem Tode vorbehalten können. (c. 59.) Ist der, welcher ins Kloster aufgenommen werden will, Kleriker, so wird ihm die Aufnahme in keiner Weise erleichtert. Auch von ihm wird die strenge Verpflichtung auf die Regel gefordert. (c. 60.) Auch ein Mönch aus entlegenen Klöstern, der die Aufnahme nachsucht, wird zunächst als Gast aufgenommen. Verpflichtet er sich später zum beständigen Bleiben, so wird ihm der Wunsch nicht abgeschlagen, falls er sich sittlich bewährt hat. Ein Mönch aus einem bekannten Kloster darf aber nicht ohne Zustimmung und Empfehlungsschreiben seines Abtes aufgenommen werden. (c. 61.)

II. Wir fassen nun die Lebensweise im Kloster ins Auge:

---

[1]) Ueber den eigentümlichen Aufnahmeakt der Oblati berichtet Paulus Diaconus (Commentarius c. 59. S. 449.) genauer: Verbi gratia, cum lectum fuerit Evangelium, quando debent offerre, antequam incipiat offertorium, debet ponere in dextera manu filii sui Oblatam cum Mappula, in sinistra autem Amolam vini. Deinde debet illum Pater aute se tenere Infantem et debet involvere manum filii sui in illa Mappula, cum qua offert, quia de illa Mappula, dicit Palla Altaris non de Altaris panno sacrato. Für die Bedeutung der oblatio beim Aufnahmeakt giebt er wohl auch den richtigen Grund an: Ideo praecepit beatus Benedictus cum oblatione Irfantem offerre, ut per hoc, quod foris ostenditur, significet, quod intus geratur; id est ut, sicut oblatio efficitur olocaustum Domino, ita etiam ille Infans olocaustum Domino efficiatur. Auch bei der kirchl. Trauung finden wir schon bei Tertullian (ad uxorem 2, 9: confirmat oblatio) eine oblatio, wodurch sie ihre göttliche Bestätigung und Besieglung empfängt. vgl. H. von Schubert „Die evang. Trauung." S. 7.

a) Die Kleidung der Mönche besteht aus einem Oberkleid (cuculla)[1]) und einem Rock (tunica)[2]). Eine bestimmte Form oder Farbe bestimmt Benedikt nicht, es war also einfach die landesübliche Tracht. Das Oberkleid soll im Winter behaart, im Sommer leicht und schon abgetragen sein. Bei der Arbeit trägt der Mönch jedoch nicht die cuculla, sondern das scupulare[3]), ein Bekleidungsstück, das aus zwei Schürzen für die Vorderseite und den Rücken bestand und an dem wahrscheinlich eine Kapuze befestigt war. Als Bekleidung der Füsse erhält er Gamaschen und Stiefeln. Zwei Oberkleider und zwei Unterkleider müssen jedem Mönche genügen. Hat er einen Auftrag eine Reise zu unternehmen, so stellt ihm der Vestiarius auch Beinkleider (femoralia) zu, die er jedoch nach seiner Rückkehr sogleich zurückgeben muss[4]). —

---

[1]) s. Du Cange II, 643.

[2]) s. Du Cange VIII, 208; tunica monachorum.

[3]) s. Du Cange VIII, 385.

[4]) Wir müssen hier bei der Tracht der Mönche die Frage zu beantworten suchen, ob die Mönche nach der Regel Benedikts die Tonsur getragen haben. Bei Benedikt findet sich keine ausdrückliche Bestimmung darüber. In älteren Mönchsregeln z. B. der des Pachomius c. 46 (Holstenius I, 11): Nullus attondeat caput absque maioris arbitrio, in jüngeren z. B. des Aurelian von Arles c. 4 (Holstenius I, 150): Si quis laicus tonsurandus est, de capillis illius in confessione mittatur, ut ei testimonio sit, und des Isidor von Sevilla c. 13 (Holstenius I, 134): Nullus Monachorum comam nutrire debeat, ponentes offendiculum infirmis et sanctum propositum usque ad blasphemiam perducentes. Tondere ergo debent isti, quando et omnes immo simul et pariter onmes, wird die Tonsur von den Mönchen ausdrücklich gefordert. Bei Benedikt kann sie aber sicher vorausgesetzt werden. Der Satz c. 1 Reg. S. Ben. über die Sarabaiten „qui mentiri Deo per tonsuram noscuntur" nötigt durch den Gegensatz zu dem Schlusse, dass die anderen Mönche, die im Gegensatze zu den Sarabaiten ein Leben der Verleugnung der Welt führen, mit Recht die Tonsur, das Zeichen der Demut, tragen. Dass er keine Verordnung darüber giebt, erklärt sich daraus, dass damals wohl schon ganz allgemein die Tonsur von den Mönchen getragen wurde.

b) Die Lagerstätte des Mönches setzt sich auch sehr
einfach zusammen. Eine Matte, ein Betttuch, Decke und
Kopfkissen bilden die einfache Ausstattung. (c. 53) Die
Mönche schlafen in einem grossen Saale oder bei grösseren
Klöstern zu je zehn oder zwanzig mit einem Senior zusammen.
Angekleidet und gegürtet müssen sie sich zu Bett legen. (c.
22) Ausser dem Bettzeug wird dem Mönche noch ein Gürtel,
Messer, Schreibgriffel und Schreibtafel, Nadel und Handtuch
überwiesen. So besitzt er nun alles, was er bedarf, um seinen
Pflichten im Kloster nachzukommen. (c.55.) Doch auch diese
Dinge sind nicht sein persönliches Eigentum, alles im Kloster
gehört der Gemeinschaft. —

c) Zwei gemeinschaftliche Mahlzeiten finden mit Ausnahme der Fastenzeit im Kloster statt. (c. 41.) Sie bestehen
aus zwei gekochten Speisen, wozu noch Obst und Gemüse als
drittes Gericht gereicht werden kann. (c. 39.) Ausserdem
erhält jeder Mönch ein Pfund Brot und eine Hemina Wein[1]).
Wo es aber die Lage des Ortes mit sich bringt, dass das
bezeichnete Mass Wein entweder garnicht oder nicht ganz
gereicht werden kann, da sollen die dort wohnenden Mönche
Gott danken und nicht murren. (c. 40.) Fleisch von vierfüssigen Tieren erhalten nur Kranke und Schwache. (c. 36.)
Mittwoch und Freitag[2]) jeder Woche sind Fasttage. (c. 41.)

---

[1]) Ueber die Bedeutung des Wortes „hemina vini" ist von den
mittelalterlichen Kommentatoren der Regel, deren Zahl so gross ist,
dass schon um 1598 Arnold Wion 100 Kommentare zählt, viel gestritten
worden. Wahrscheinlich ist unter hemina ein Viertelmass = $^1/_2$ Flasche
zu verstehen. s. Du Cange IV, 188.

[2]) Bisher nahm man an, dass Mittwoch und Freitag, die alten
Fasttage der Kirche zum Andenken an den Verrat und Tod des
Herrn gehalten wurden. Vgl. Διδαχή, τῶν δώδεκα ἀποστόλων c. 8: ὑμεῖς
δὲ νηστεύσατε τετράδα καὶ παρασκευήν. In dem vor kurzer Zeit aufgefundenen
4. Buche des Danielkommentars des Hippolyt (ed. Bratke S. 190) wird
der Geburtstag des Herren auf den Mittwoch angesetzt: ἡ γὰρ πρώτη
παρουσία τοῦ Κυρίου ἡμῶν ἡ ἔνσαρκος, ἐν ᾗ γεγέννηται ἐν Βηθλείμ, ἐγένετο πρὸ

An ihnen findet ein semiieiunium statt, das bis zur Non währt.
In der Quadragesima, den vierzig Tagen vor Ostern, wird ein
plenum ieiunium gehalten und nur einmal am Tage und zwar
zur Vesperzeit gespeist. Auch soll jeder Mönch während
dieser Zeit, nachdem er dem Abte vorher Mitteilung gemacht
hat, etwas von Speise, Trank oder Schlaf seinem Körper ent-
ziehen, damit er in geistiger Sehnsucht das heilige Osterfest
erwarten möge. (c. 49.) Die Mahlzeiten vollziehen sich im
Kloster möglichst ohne Geräusch. Ein Mönch liest einen
Abschnitt aus der heiligen Schrift vor. Dieser Vorleser wird
vom Abte ernannt und jede Woche durch einen anderen ersetzt. Vor Tische nimmt dieser der heiligen Kommunion[1]
wegen und damit ihm das Nüchternbleiben nicht zu schwer
fällt, ein wenig Brot und Wein, das sogenannte mixtum.
(c. 38.) Der Abt nimmt seine Mahlzeiten gesondert von den
Mönchen an einem Tische ein. Mit ihm speisen die Gäste
zusammen, deren wegen er auch das Fasten unterbrechen
muss, wenn nicht ein ganz besonderer Fasttag ist. —

ὀκτὼ καλανδῶν ἰανουαρίων ἡμέρᾳ τετράδι. Wahrscheinlich ist daher am
Mittwoch und Freitag zum Andenken an den Geburts- und Todestag
des Herren gefastet worden.

[1] Das Wort „communio" wird in der Regel Benedikts verschieden
gedeutet. In c. 63: Sic accedant fratres ad pacem, ad communionem
ad psalmum imponendum, in choro standum u. c. 38: Qui ingrediens
post communionem petat ab omnibus pro se orari ist sicher mit
communio die Feier der Eucharistie bezeichnet. vgl. auch Hildemar
Expositio Reg. S. 428: Et quia proprie missa ad illa secreta attinet,
quamquam et de communione missa dicatur, ideo B. Benedictus
secundum proprietatem missam dixit et communionem. Zweifelhaft ist
die Auslegung des Wortes in c. 38: Frater autem hebdomadarius
accipiat mixtum, priusquam incipiat legere propter communionem
sanctam et ne forte grave sit ei ieiunium sustinere. Mabillon (Traité,
où l'on refute la nouvelle explication, que quelques auteurs donnent
aux mots de Messe et de Communion dans la Règle de S. Benoît)
erklärt die Stelle folgendermassen: Der Vorleser bei Tische habe nach
der Abendmahlsfeier das mixtum d. h. ein wenig Brot und Wein

d) Acht Gebetsandachten[1]) sieben am Tage, die Mette
(matutini), die Prim, die Terz, die Sext, die Non, die Vesper
und das Kompletorium, das den Chordienst des Tages abschliesst
(c. 42), und eine in der Nacht, die Vigilie, werden im Kloster
abgehalten. (c. 16 u. 8.) Den für die Horenandachten bestimmten Gebetsstoff bot der auf die sieben Wochentage ver-
teilte Psalter dar. (c. 18.) In folgender Weise verlief die
Feier der Vigilie: Mit dem dreimalig wiederholten Verse

genommen, damit ihm nicht das Fasten zu schwer falle, weil er an
der gemeinsamen Mahlzeit nicht teilnahm, und propter communionem
d. h. damit er nicht beim Vorlesen durch die Anstrengung der Stimme
sich der Gefahr aussetzt, die sacrae particulae, die Abendmahlselemente,
auszuspeien.   Diese Erklärung ist wohl die richtige, da auch die Reg.
Magistri c. 24, in der die Regel Benedikts fast wörtlich benutzt ist,
diese Worte in derselben Weise erklärt. (Holstenius I, 224 ff.) Cum
primum mensae abbas cum omnibus acceperit merum, et ipse (scl. lector)
similiter suum merum propter sputum sacramenti accipiat et incipiat
legere.   Merum bezeichnet hier dasselbe wie mixtum bei Benedikt =
pauculum panis in vino. vgl. auch Smaragdus Commentarius in Reg.
S. Ben. (Migne P. L. 102, 878) c. 88: Propter communionem sanctam
dicit, ne aliquid inde sputum exsecrans proiciat in sputo; die anderen
Ausleger Paulus Diaconus und Hildemarus erklären diese Worte nicht.
Eine andere Erklärung als die oben gegebene findet sich bei Richardus
de S. Angelo. (Reg. S. Ben. commentata c. 38; Migne P. L. 66, 612):
Der Verfasser habe das mixtum propter communionem genommen
d. h. zum Zeichen der Gemeinschaft mit den Brüdern, mit denen er
durch sein Amt zusammen zu speisen verhindert war.   Hierbei bleibt
der Ausdruck „propter communionem sanctam", der technische
Bezeichnung des Abendmahls ist, unerklärt und ferner ist der Gebrauch
von communio = congregatio nicht zu belegen.

    [1]) Schon bei Cyprian, De oratione domini c. 34 ff und in den
Canones Hippolyti c. 27 wird verordnet, dass man zur 3, 6, 9 Stunde und
morgens und abends auch um Mitternacht beten soll. vgl. Achelis
„Canones Hippolyti" Texte und Untersuchungen 1891 S. 288. Ueber
die Weiterentwicklung der Gebetsandachten. s. § 6. S. 41 Anm. 1 u.
§ 6 S. 45 Anm. 1.

Ps. 51, 17.[1]): „Herr öffne meine Lippen und mein Mund wird
dein Lob verkündigen" begann die Feier. Es folgte der
33. Psalm mit dem Gloria und der antiphonisch[2]) gesungene 94.
Der Ambrosianische Lobgesang leitete nun zu 6 antiphonisch
gesungenen Psalmen über. Hierauf erteilte der Abt den
Segen. Dann nachdem alle auf den Sitzen Platz genommen
haben, werden drei Abschnitte der heiligen Schrift oder der
Auslegungen der orthodoxen Väter verlesen. Zwischen den
einzelnen Abschnitten werden drei Responsorien[3]) gesungen.
An das letzte schliesst sich das Gloria an. Hierbei erheben
sich alle aus Ehrerbietung gegen die heilige Trinität. Darauf
folgen noch 6 Psalmen mit Halleluja. Alsdann wird aus-
wendig eine kurze Stelle aus den apostolischen Schriften citiert
und ein Spruchvers und das Bittgebet „Herr erbarme dich
unser" schliesst die Vigilie.[4]) (c. 9). Dies ist das Schema

---

[1]) Die Psalmencitate sind nach lutherischer Zählung gegeben.
Benedikt giebt sie natürlich nach lateinischer Zählung, wo ψ 94 gleich
ψ 95 nach lutherischer ist. ψ 94 ist der 4te invitatorius, der schon
früh in der Liturgie der römischen Kirche (vgl. Paulus Diaconus
Commentarius S. 215) gebraucht wurde. Er ist noch jetzt in der englischen Kirche Bestandteil der Liturgie des Sonntagmorgengottesdienstes.

[2]) Antiphonischer Gesang ist die Art des Gesanges, bei der
2 Chöre wechselseitig sangen. vgl. Hildemarus Expositio Reg. S. 282,
der ein Citat aus Isidor, De officiis ecclesiasticis c. 7. anführt.

[3]) Unter Responsoriem ist ein Gesang zu verstehen, bei dem einer
den Gesang beginnt und der Chor antwortet. vgl. Hildemar Exp. in
Reg. S. Ben. S. 282, der ein Citat aus Isidor, De officiis ecclesiasticis
c. 9 anführt.

[4]) In c. 17 schliesst Benedikt die Verordnung der Feier der
einzelnen Horen mit den Worten „missae fiant" oder „missae sunt",
wo sich in einigen Codices (vgl. Reg. S. Ben. ed. Schmidt S. 28) nur
missa findet. Fälschlich hat man diese Worte von der Feier der
Messe, die sich an die einzelnen Horen angeschlossen habe, verstanden. (Reg. S. Ben. commentata Migne P. L. 66, 461) Paulus
Diaconus erklärt die Stelle nicht. Hildemarus sagt S. 809: Missae
duobus modis intelligunt sapientes: missae fiant = fiant absolutiones, sive
alio modo dicuntur missae transmissiones, ut attineant ad illam orationem

einer Horenandacht. Nur geringfügige Verschiedenheiten treten
bei den einzelnen Horen ein. An Sonn- oder Festtagen besonders an den Festen der Heiligen wurde die Vigilie durch
Lesen der Sonn- oder Festtagsevangelien und Einschieben von
Hymnen „Te Deum laudamus" und „Te decet laus" weiter
ausgedehnt. (c. 11 u. 12.) Wer bei den Horen die Psalmen
zu singen und die Lektionen zu lesen hat, bestimmt jedesmal
der Abt. Es sollen jedoch nur solche, die ihre Aufgabe zur
Erbauung der Brüder ausführen, ausgewählt werden. (c. 47.)
Immer aber sollen die Mönche, denen diese Aufgabe zufällt,
beim Singen der Psalmen sowie beim Lesen der Abschnitte der
heiligen Schrift mit ihrem Geiste dabei sein und sich bewusst
sein, dass sie es im Anblick Gottes und der Engel thun. (c. 19.)
Daher soll die Demut und Devotion vor Gott auch im Gebet
und beim Vorlesen zum Ausdruck kommen. Keiner soll viel Worte

---

eo, quod per officium sacerdotis orationes populi diriguntur ad Deum;
ähnlich Smaragdus (Migne P. L. 102, 857): Quod in aliis locis dicit,
et completum est, hac in clausula, et missae sunt, dicit et missae
fiant, repetit. Orationes enim officii, quae a nobis completae, Deo
sunt missae, quia in illius honore sunt celebratae. Aliter orationes,
id est collectae, quae in fine cursus a sacerdote dicuntur missae, id est
Deo transmissae vocantur. Wahrscheinlich bezeichnen die Worte
„missae sunt" lediglich die terminatio officii d. h. mit dem Kyrie
eleison und Segen sollen die einzelnen Horen geschlossen werden.
vgl. Cassian, De coenobiorum institutis lib II c. 7. (Migne P. L. 49,
91): qui necdum bene finito psalmo, in orationem procumbere festi-
namus ad celeritatem missae quantocius properantes. — Anderseits
gebrauchte aber Benedikt das Wort missa auch schon in dem Sinne
von Messe (vgl. auch Paulus Diaconus S. 852; S. 458 und Hildemarus S.
428 u. 555) c. 60: Concedatur ei (scl. sacerdoti) tamen post abbatem
stare et benedicere et missas tenere und c. 38: Qui ingrediens (scl.
lector hebdomadarius) post missas et communionem petat ab omnibus
pro se orari; c. 35: In diebus solemnibus usque ad missas sustineant.
Aus den beiden letzten Stellen ist auch ersichtlich, dass nur an Sonn-
und Festtagen die Messe zur Zeit Benedikts im Kloster gefeiert wurde,
was auch die Auslegung der Worte in c. 17, wonach sich an jede
Hore eine Messe schloss, verbietet. —

machen, ausser wenn er durch die Inspiration der göttlichen Gnade dazu getrieben wird. (c. 20.) Ausser den Gebetsstunden wird auch während der Mahlzeiten für die Erbauung der Mönche durch Vorlesung der heiligen Schrift, der orthodoxen Väter oder etwas Anderem Geeigneten gesorgt. Nur soll nach dem Abendessen nicht der Heptateuch und die Königs- bücher [1]) gelesen werden, weil es zu jenen Stunden für schwache Geister unzuträglich ist, jene Schriften zu hören. (c. 42). Auch die Sonn - und Festtage sind lediglich der Lektüre der heiligen Schrift oder anderer erbaulicher Werke gewidmet. (c. 48.) —

e) Die Arbeit der Mönche besteht zunächst in den Thätig- keiten, die sich auf die Versorgung des Klosters erstrecken. Die Sorge für die Verpflegung der Mönche liegt dem Cellera- rius, dem Küchenmeister, der verständigen und gereiften Charakters sein soll, ob. In grösseren Klöstern werden ihm Gehülfen beigegeben. (c. 31.) Über die Klostergerätschaften und Kleider werden Brüder, auf die sich der Abt ihres er- probten Lebens wegen verlassen kann, gesetzt. (c. 32.) Jedes Kloster hat auch einen Ostiarius, Pförtner. Dieses Amt be- kleidet in der Regel ein verständiger älterer Mönch. Seine Zelle befindet sich unmittelbar an der Pforte des Klosters. (c. 66.) Der Küchendienst aber und die Bedienung bei Tische findet wechselweise durch die einzelnen Brüder statt. Jede Woche übernimmt ein anderer den Dienst. Nur die Brüder,

---

[1]) Bei den Worten c. 42: legat non autem Heptaticum aut Regum, ist unter Heptateuch der Pentateuch, Josua und Richter (vgl. Hiero- nymus Quaestiones in lib I. Paralipomena c. 2 und Gregor Magnus lib 12 ep. 80 s. Du Cange IV, 185) und unter Regum die Bücher Samuelis und Könige (nach der alten Zählung des Origenes vgl. Euseb. Hist. eccl. VI, 25) zu verstehen. Der Grund, warum Benedikt diese Bücher nach dem Abendessen, wo Müdigkeit einzutreten pflegt, nicht gelesen sehen will, giebt Hildemarus S. 455 wohl ganz richtig an: Per hoc, quod dicit Regum aut heptaticum significat illos libros, qui similes sunt illis i. e, qui sub allegoricis figuris conscripti sunt. —

die zu grossem Nutzen des Klosters durch wichtige Be-
schäftigungen abgehalten werden, werden nicht zum Küchendienst herangezogen. Der, welcher den Küchendienst versieht,
ist auch verpflichtet am Ende der Woche mit dem neu Eintretenden den Dienst der Fusswaschung der Brüder zu versehen. (c. 35.)
Die Arbeit der übrigen Mönche besteht grösstenteils in
Feldarbeit. Dies geht aus der Anlage des Klosters hervor,
in dem sich ein Brunnen, Garten, Mühle zum Mahlen des
Getreides und Bäckerei befinden soll. (c. 66.) Daneben finden
wir artifices d. h. Handwerker. (c. 57.) Zu der letzteren Be-
schäftigung wurden besonders die Schwächlichen und an harte
Arbeit nicht gewöhnten Brüder herangezogen. (c. 48.) Die
Arbeiten dieser Leute werden verkauft und der Erlös fliesst
in die Klosterkasse. Doch bestimmt Benedikt ausdrücklich,
dass die Arbeiten der Mönche für einen billigeren Preis, wie
die der in der Welt lebenden Handwerker verkauft werden
sollen, damit sich nicht die Brüder, die derartige Arbeiten
verfertigen, über die anderen erheben und das Übel der Hab-
sucht im Kloster um sich greift. (c. 57.) --
Im Sommer, von Ostern bis zum ersten Oktober, ist die
Arbeitszeit der Mönche Morgens gleich nach der Prim bis
nahe zur vierten Stunde und Nachmittags von der Non, die
um $^1/_2$3 Uhr gehalten wird, bis zur Vesper. Von Anfang
Oktober bis zum Anfang der Fasten wird in der Zeit zwischen
der Terz, die am Ende der zweiten Stunde gehalten wird,
und der Non gearbeitet. In der Fastenzeit beginnt die Arbeit
nach der vollendeten dritten Stunde und dauert bis zur vollen
zehnten Stunde. (c. 48.) —
Eine Thätigkeit der Mönche besteht endlich noch darin,
dass sie, um Briefe oder etwas anderes zu besorgen, aus dem
Kloster entsandt werden. Beim Weggange empfehlen sie
sich der Fürbitte des Abtes und der Brüder und ihrer wird
beim letzten Gebete des Chordienstes gedacht. (c. 67.) Ver-

reisen sie nur auf kleinere Entfernungen, so dass sie am selben Tage ins Kloster zurückkehren können, so ist ihnen die Annahme irgend welcher Speise ausserhalb des Klosters verboten, selbst wenn sie eingeladen werden. Nur eine ausdrückliche Erlaubnis des Abtes berechtigt sie dazu. (c. 51.) Kehrt der Mönch von der Reise zurück, so wirft er sich am Tage seiner Ankunft beim Schlussgebete der einzelnen Horen nieder und bittet alle um ihre Fürbitte zur Sühnung der Vergehen, wenn er unterwegs etwas Böses gesehen, mitangehört oder Unnützes geredet haben möchte. Nichts, was er ausserhalb des Klosters gesehen oder gehört hat, darf er den anderen Brüdern mitteilen, weil dadurch der grösste Schaden entstehen könnte. (c. 67.)

f) Trotz des Princips der Gleichheit und des wechselseitigen Dienens findet sich im Kloster nach der Regel Benedikts eine vollständig ausgebildete hierarchische Ordnung. An der Spitze des Klosters steht der Abt, der als Stellvertreter Christi Abt oder Herr (Domnus) angeredet wird. (c. 63.) Der Abt besitzt eine sehr bedeutende Gewalt. Bei wichtigen Angelegenheiten beruft er allerdings die ganze Kongregation und trägt die Sache, die zur Beratung steht, vor. Jeder kann seine Meinung äussern, aber die Entscheidung steht lediglich dem Abte zu. Bei minder wichtigen Angelegenheiten beruft er nur die Senioren.[1] Überhaupt muss er stets, bevor er

---

[1] Ueber die Bedeutung des Wortes prior bezw. priores in der Regel Benedikts kann man zweifelhaft sein. Sicher gebraucht er diesen Ausdruck nicht in dem später üblichen Sinne von dem Stellvertreter des Abtes, der die zweite Stelle im Kloster einnahm. Dieser heisst bei ihm stets praepositus. Nach Du Cange VI, 505 soll nun in c. 4, 6, 7, 13, 20, 48, 53 mit prior stets der Abt bezeichnet sein. In allen diesen Stellen reicht man aber mit der allgemeinen Bedeutung prior = ein Oberer aus. Dass diese Autoritätsperson bisweilen ausschliesslich der Abt sein kann z. B. c. 53: ieiunia a priore frangatur propter hospitem, soll nicht geleugnet werden. Benedikt

eine Sache entscheidet, wenigstens die Meinung der Senioren
gehört haben. (c. 2 u. 3.)

Die Wahl des Abtes erfolgt durch die ganze Kongregation,
jeder auch. der an Rang am niedrigsten Stehende kann zum
Abt gewählt werden. (c. 64.) Den Ausschlag bei der Wahl
soll nur ein verdienstvolles Leben, Einsicht und Weisheit,
nicht Alter und Rang geben.   Majorität entscheidet nicht.
Sollte von der ganzen Klostergemeinde ein solcher, welcher
ihre Gebrechen selbst hegte, zum Abt gewählt werden, so soll
diese Wahl entweder vom Diöcesanbischof oder den benacht-
barten Äbten oder den umwohnenden Gläubigen, zu deren
Kenntnis diese Zustände gelangen, für ungiltig erklärt und
ein würdiger Vorsteher bestellt werden.[1]) (c. 64.)

Dem Range nach am nächsten dem Abte, steht der Propst

---

hat aber absichtlich an diesen Stellen es unbestimmt gelassen,
welche Autoritätsperson im Kloster gemeint ist. Auch unter priores
sind nicht etwa die Dekane zu verstehen vgl. c. 68: Iuniores igitur
priores suos honorent, priores minores suos diligant, sondern lediglich die höher Stehenden, die er an anderen Stellen auch ganz allgemein als seniores (c. 8, 4, 28, 48, 56, 68) oder maiores (c. 7)
bezeichnet.

[1]) Die Unterstellung des Klosters und Abtes unter die Aufsicht
des Parochialbischofs, die auch Benedikt fordert, war schon zu
Chalcedon 451 ausgesprochen. c. 4: Τοὺς δὲ καθ᾽ ἑκάστην πόλιν καὶ χώραν
μονάζοντας ὑποτετάχθαι τῷ ἐπισκόπῳ. Merkwürdig ist es aber, dass
Benedikt auch den christiani vicini einen Einfluss auf die Abtswahl
einräumt. Wahrscheinlich sind darunter angesehene Gemeinde-
glieder, adlige Besitzer aus der Umgebung des Klosters, gemeint.
Paulus Diaconus und Hildemarus erklären die Worte nicht, nur
Smaragdus (Migne P. L. 102, 915): Ac si diceret, si etiam omnes,
qui intus sunt, habere vitiosum abbatem consentiunt, hi, qui foris
sunt, catholici viri fortiter resistant et non consentiunt eis, ne vitium
male ab omnibus nutritum inolescat in monasterio et eo inolito
habitatores eius cunctis vicinis veniant in odium. Daher schreibt es
sich wohl auch, dass später Stifter und Beförderer von Klöstern
sich vielfach erlaubten als Patrone die Abtswahlen zu leiten.

(praepositus), dem die Vertretung des Abtes obliegt.[1]) (c. 65.) Der Propst und die Dekane sollen vom Abte eingesetzt werden und sind ihm unbedingten Gehorsam schuldig. Bei Widersetzlichkeit kann sie der Abt ihres Amtes entsetzen. (c. 21.) Die Rangverhältnisse der übrigen Mönche sind auch bis ins Einzelne geordnet. Selbst der Mönch, welcher kein besonderes Amt bekleidet, nimmt einen bestimmten Rang im Kloster ein. Dieser richtet sich in der Regel nach seinem Eintritt, konnte aber auch vom Abte nach Verdienst anders festgesetzt werden. (c. 63.) Auch Kleriker, die ins Kloster eintreten, erhalten ihren Rang wie die übrigen nach ihrem Eintritt ins Kloster. Nur bei gottesdienstlichen Handlungen haben sie den Vortritt, das privilegium praecedentiae et honoris, oder, wenn sie etwa die Wahl des Konvents und die Ernennung des Abtes wegen des Verdienstes ihres Lebenswandels auf einen höheren Platz stellt. (c. 62.) Nach ihrem Range nehmen die Mönche ihre Plätze im Chor ein, stimmen die Psalmen an, treten zur heiligen Kommunion und gehen zum Friedenskusse. Die im Range höher Stehenden reden die anderen „frates," diese dagegen jene „nonni" an. Begegnet einem niedriger stehenden Bruder ein höher stehender, so erhebt er sich von seinem Sitze und bittet um seinen Segen. Auch die Knaben und Jünglinge haben eine bestimmte Rangordnung, die sie im Chore und bei Tische genau einhalten müssen. (c. 63.)

g) Die erste Pflicht jedes Mönches im Kloster ist der unbedingte Gehorsam gegen den Abt und die Oberen. Der Abt kann alles befehlen und nur, wenn ein Mönch sieht, dass er das ihm Befohlene ausser Stande ist auszuführen, darf er es ihm in bescheidener Weise mitteilen. Wird aber das Gebot nicht von ihm genommen, so muss er es doch zu erfüllen

---

[1]) vgl. oben § 4. S. 14 den späteren Zusatz in der Regel, wonach der Propst durch die Dekane ersetzt werden soll, damit in Folge solcher Verteilung an Mehrere sich kein Einzelner hochmütig erhebe.

suchen. (c. 68). Alle Jüngern sind verpflichtet den Älteren zu gehorchen, sobald einer seine Vorgesetzten gegen sich misgestimmt oder aufgeregt sieht, soll er sich ihm zu Füssen werfen und ihn um seinem Segen bitten. (c. 71) Keiner darf auch den anderen verteidigen, selbst wenn er durch die Bande des Blutes mit ihm verbunden ist. Im Kloster gilt nur die geistige Verwandtschaft, wonach sich alle eins wissen im Streben nach dem Vollkommenheitsideal. (c. 69) Jeder Mönch soll auch bestrebt sein mit Ehrerbietung dem anderen zuvorzukommen und die Schwächen des anderen zu tragen. (c. 72.)

h) So sehr nun auch das Kloster die Stätte der wahren und vollkommenen Frömmigkeit sein soll, so kommen doch in dieser Gemeinschaft der Heiligen vielfach Übertretungen vor. Deshalb findet sich in der Regel Benedikts ein umfangreicher Strafkodex. Das Recht zu strafen steht zunächst nicht dem einzelnen Bruder zu. Auf Befehl des Abtes erfolgen die Strafen und zwar stets öffentlich, da die Absicht der Strafen ist Furcht zu erregen. (c. 70) Bei geringen Versehen und Nachlässigkeiten treten geringe Strafen ein: Kommt ein Mönch zu* spät zu Tische, so erhält er zunächst zweimal einen Verweis. Bessert er sich darauf nicht, so wird ihm der Wein entzogen und er muss allein abgesondert von den anderen seine Mahlzeit einnehmen. (c. 43.) Der allgemeine Grundsatz in betreff der Strafen ist folgender: Lässt sich ein Bruder etwas zu Schulden kommen, so wird er die ersten beiden Male im Geheimen von den Oberen ermahnt. Bessert er sich dann nicht, so tritt öffentliche Vermahnung ein. Erweist sich auch diese Strafe nicht als Besserungsmittel, so trifft ihn die Excommunication.[1]) (c. 23.) Bei leichten Vergehen wird

---

[1]) Unter Excommunication ist bei Benedikt natürlich nicht die kirchliche Excommunication, die nur der Bischof verhängen durfte, zu verstehen, sondern die Ausschliessung der Mönchs auf bestimmte Zeit oder für immer aus der Klostergemeinschaft.

der Mönch nur von der gemeinschaftlichen Mahlzeit, vom Lesen der heiligen Schrift und Singen der Psalmen ausgeschlossen. c. 24.) Bei schweren darf der Excommunicierte nicht am Chordienst teilnehmen und mit keinem Bruder zusammenkommen. Er wird auch von keinem Bruder gegrüsst und seine Speise nicht gesegnet. (c. 25.) Wer mit einem Excommunicierten ohne Auftrag des Abtes zusammenkommt, verfällt der gleichen Strafe. (c. 26.) Während der Zeit der Excommunication ist sich der Mönch nicht allein überlassen. Der Abt sendet einen älteren Bruder, um ihn zu trösten und und zur Busse zu leiten. (c. 27.) Die Busse besteht darin, dass der Mönch vor der Thür des Oratoriums während des Gebetsdienstes liegt und sich beim Herausgehen den Brüdern zu Füssen wirft. Dieses muss er thun, bis der Abt seine Busse für genügend erachtet. (c. 44.) Wer aber gegen diese Strafe sich unempfindlich zeigt, wird körperlich gezüchtigt. (c. 23.) Die Knaben und Jünglinge werden mit strengen Fasten und derben Schlägen bestraft, da sie die Schwere der Excommunication nicht zu fühlen vermögen. (c. 30.) Helfen beide Formen der Strafe, Excommunication und körperliche Züchtigung, nichts, so tritt als letzter Versuch den Mönch dem Kloster zu erhalten, das Gebet aller Brüder ein. Bessert er sich auch dann nicht, so wird er als unnützes und gefährliches Glied aus der Klostergemeinschaft ausgestossen. (c. 28.) Bereut er später seine Frevel und thut Busse, so kann er wieder in das Kloster eintreten. Bis zum dritten Male wird er aufgenommen. Nachher bleibt ihm die Klosterpforte für immer verschlossen. (c. 29.)

III. Wir müssen zum Schlusse noch kurz das Verhältnis des Klosters zur Aussenwelt, so weit es Benedikt in seiner Regel berücksichtigt, schildern.

a) Zunächst bleibt das Kloster durch die Gastfreundschaft, die es übt, mit der Aussenwelt in Verbindung. Jeder Fremde ob reich ob arm, der Einlass begehrt, findet gastliche Aufnahme. Sobald ein Gast angemeldet ist, gehen ihm der Abt oder die Brüder entgegen. Zuerst beten sie miteinander und dann geben sie sich den Friedenskuss. Aus der heiligen Schrift wird den Gästen zur Erbauung vorgelesen und der Abt reicht ihnen Wasser zum Waschen der Hände. Die Füsse wäscht er und die ganze Genossenschaft den Gästen. Ein Bruder wird mit der Bedienung der Gäste betraut. Dieser darf mit dem Gaste sprechen, allen übrigen ist es verboten. Sie erbitten nur, sobald sie einem Gaste begegnen seinen Segen und gehen vorüber, nachdem sie den Gästen erklärt haben, dass sie nicht mit ihnen sprechen dürften. (c. 53.)

b) Es ist schon oben bei der Verfassung des Klosters bemerkt worden, dass der Bischof der Diöcese bei der Abtswahl eines Ungeeigneten eine andere Wahl treffen konnte. (c. 64.) Es stand aber auch dem Bischof oder den benachbarten Äbten das Recht der Installierung (ordinatio) des neu gewählten Abtes zu. (c. 65.) Auch für die gottesdienstliche Versorgung des Klosters wird der vom Abte zum Presbyter oder Diakon Bestimmte von dem Bischof[1]) in sein Amt

---

1) Die Bedeutung von sacerdos ist wichtig für das Verständnis der Regel. Bei den ältesten lateinischen Kirchenvätern Cyprian, Ambrosius, Augustin wird sacerdos fast ausschliesslich im Sinne von Bischof gebraucht. Diese Bedeutung hat es noch in c. 65: Saepius contigit, ut per ordinationem praepositi scandala gravia in monasterio oriantur et maxime in illis locis, ubi ab eodem sacerdote vel ab eis abbatibus, qui abbatem ordinant, ab ipsis etiam praepositus ordinatur. vgl. auch Paulus Diaconus S. 488 und Hildemarus S. 600. Anders ist sacerdos zu erklären c. 60: si quis de ordine sacerdotum in monasterio se suscipi rogaverit und c. 62, De sacerdotibus monasterii si quis abbas sibi presbyterum vel diaconum ordinare petierit. Hier bezieht sich sacerdos auf Bischof und Priester, wie schon Paulus Diaconus erkannt hat S. 452: Sacerdotes ad episcopum aut presbyterum attinent, wogegen Hildemar S. 552 es auch auf den Diakon mitbezieht: Sacerdotis nomen ad episcopum aut presbyterum attinet atque diaconem, sicut ipse inferius dicit. Unter Kleriker begreift wohl Benedikt die Diakonen und die niederen

eingewiesen. Falls ein solcher sich später ungehorsam gegen seinen Abt zeigt und sich auf wiederholte Ermahnung nicht bessert, wird der Bischof gegen ihn zum Zeugnis hinzugezogen. (c. 62.) —

c) Auch zu den anderen Mönchsarten seiner Zeit nimmt Benedikt Stellung. Das Anachoreten- oder Einsiedlerleben stellt er sehr hoch. Es ist nach ihm für die, welche, im Klosterleben bewährt erfunden, nun den Einzelkampf gegen die Begierden des Fleisches und den Teufel führen können. Die anderen beiden Formen des Mönchslebens lehnt er aber vollkommen ab. Die Sarabaiten[1]), die ohne Regel zu zwei oder drei zusammenleben und vom Erlös ihrer Arbeit den Unterhalt fristen, beschuldigt er, dass sie Gott mit der Tonsur, dem Zeichen der Verleugnung der Welt und ihrer Eitelkeiten, belügen. Noch schlimmer sind die Gyrovagen, die drei oder vier Tage in den Klöstern zu Gaste gehen, sich niemals an einem Orte längere Zeit aufhalten, sondern unstet ihren Lüsten dienend umher schweifen. (c. 1.)

Ordines c. 62: Clericorum autem si quis eodem desiderio monasterio sociari voluerit vgl. Paulus Diaconus S. 454: Notandum est, quia in Clericorum nomine non solum minoris ordinis sed etiam Diacones comprehendit und Hildemarus S. 581: Notandum est, quia in clericorum nomine comprehenditur diaconus. —

[1]) In den Sarabaiten und Gyrovagen haben wir die Reste des alten zur Zeit Benedikts schon entarteten Asketenstandes, der sich nicht der Klosterklausur (stabilitas loci) unterworfen hatte, zu finden. Schon zur Zeit des Hieronymus hatte der Kampf zwischen dem alten Asketenstand und dem jungen Könobitenleben begonnen, der allmälich mit der Verdrängung der ältesten Form des asketischen Lebens endete: Hieronymus epistola ad Eustochium (Migne P. L. 22, 419): Tertium genus est, quod Remoboth dicunt, deterrimum atque neglectum et in nostra provincia solum aut primum est. Hi bini vel terni nec multo plures simul habitant, suo arbitratu ac ditione viventes: et de eo, quod laboraverint, in medium conferunt, ut habeant alimenta communia. Habitant autem quam plurimum in urbibus et castellis: et quasi ars sit sancta, non vita,

§ 6.
Die Bedeutung der Regel Benedikts im Vergleiche mit anderen Mönchregeln.

Die folgende Untersuchung, in der wir die Regel Benedikts mit älteren und gleichzeitigen Mönchsregel vergleichen, soll zunächst feststellen, was in der Regel Benedikts eigentlich neu ist. Hieraus wird sich ergeben, ob die Bedeutung, die sie erlangt hat, sich aus inneren Gründen d. h. aus der epochemachenden Bedeutung der Regel selbst, wie man bisher angenommen hat, oder aus äusseren Gründen erklärt. — Über die Abfassungszeit sowie über die Personen der Verfasser der ältesten Mönchsregeln herrscht völlige Unsicherheit. Seit Lucas Holstenius[1]) und Mabillon[2]) ist überhaupt auf dem dunkeln Gebiete der Geschichte des Mönchtums wenig gearbeitet worden. Da nun eine Untersuchung der älstesten Mönchsregeln in diesem Zusammenhange zu weit führen würde, so müssen wir die orientalischen Mönchsregeln des heiligen Antonius, Isaia, Serapion, Macarius des Jüngeren, Orsiesius und die anonymen Regulae Orientales, über deren Abfassung nichts Sicheres feststeht, unberücksichtigt lassen.

---

quidquid vendiderint, maioris est pretii. Auch Cassian giebt eine sehr eingehende Beschreibung der Sarabaiten, wobei wir noch deut-lich die Züge der alten Asketen an ihnen erkennen können. vgl. Collationes 18, 7 (Migne P. L. 49, 11(8 ff): Hi (scl. Sarabaitae) nulla-tenus expetunt disciplinam nec seniorum subiciuntur arbitrio aut eorum traditionibus instituti suas discunt vincere voluntates nec ullum sanae discretionis regulam legitima eruditione suscipiunt.

[1]) Lucas Holstenius, ein convertierter Protestant, später Bibliothekar der Vaticana, sammelte in seinem Codex Regularum 1661 sämmtliche Mönchsregeln und schickte jeder Regel eine kurze Untersuchung über Aechtheit und Abfassungszeit voraus. —

[2]) Sein von gewaltigem Fleiss u. grosser Gelehrsamkeit zeugendes Werk Ann. Ord. S. Ben. bildet bis heute die Grundlage aller Untersuchungen über die Geschichte des Mönchtums und insbesondere der Stiftung Benedikts von Nursia. —

So wichtig diese Regeln für die Geschichte des Mönchtums sind, so kommen für unsere Untersuchung in erster Linie nur die Regel des Basilius und die Schriften Kassians in Betracht, weil sie Benedikt zeitlich näher stehen und weil er sie, wie aus seiner Regel hervorgeht[1]), sicher gekannt hat. —

I) Die Regel des Basilius liegt uns in zwei griechischen Recensionen und in Rufins lateinischer Übersetzung vor. Möller[2]) sagt von ihnen: „Diese seinen Namen tragenden Mönchregeln gehen sicher auf die von ihm gegebenen in den weitesten Kreisen fortwirkenden Einrichtungen zurück, ohne dass für den Wortlaut als authentisch eingestanden werden kann. Am zuverlässigsten ist wohl die kürzere griechische Recension als sein Werk anzusehen." Wir legen jedoch im Folgenden bei dem Vergleiche der Regel Benedikts mit der des Basilius die lateinische Übersetzung des Rufin zu Grunde. Wenn gleich Rufin, der die beiden griechischen Regeln in eine verschmolz, in allen seinen Übersetzungsarbeiten mit grosser Freiheit verfuhr, so hat doch sicher die Regel des Basilius Benedikt in der Übersetzung des Rufin, in der sie in Italien verbreitet war, vorgelegen.[3]) —

---

[1]) Reg. S. Ben. (Holstenius I, S. 185) c. 78: Necnon et Collationes Patrum et Instituta et Vitae eorum et Regula S. Basilii patris nostri, quid aliud sunt, nisi bene viventium et oboedientium monachorum instrumenta virtutum?

[2]) Möller „Lehrbuch der Kirchengeschichte" Band I, S. 878, Anmerkung und Möller „Basilius" Herzogs R E³ II, 120.

[3]) vgl. die Vorrede Rufins zu seiner Übersetzung der Regel des Basilius, die er auf Bitten des Abtes Urseus von Pinetum auf Sicilien unternahm. (Holstenius I, 67): Cuius cum definitiones ac sententias mirareris, magnopere poposcisti, ut hoc opus in Latinum verterem; pollicens mihi, quod per universa occiduae partis Monasteria, si haec sancti et spiritualis viri sancta et spiritualia innotescerent instituta, omnia ille servorum Dei profectus, qui ex huiuscemodi institutionibus nasceretur, mihi quoque ex eorum vel meritis vel orationibus aliquid gratiae vel mercedis afferret.

Bei einem Vergleiche der Regel Benedikts mit der des Basilius tritt uns zunächst eine grosse Ähnlichkeit der Grundsätze, nach denen sich das Klosterleben gestalten soll, entgegen. Bestimmungen über den unbedingten Gehorsam der Mönche gegen den Vorsteher des Klosters (Basilius resp. 80 u. 126 [1]) — Benedict c. 5 und 58), die thätige Arbeit (Bas. resp. 92 und 192 — Ben. c. 48), die Abhaltung von geistlichen Übungen und Gebeten (Bas. resp. 137 — Ben. c. 7—19), das Schweigen (Bas. resp. 136 — Ben. c. 6) und demütige Verhalten der Mönche (Bas. resp. 4. — Ben. c. 7) finden sich in beiden Regeln ausgesprochen. Benedikt lehnt sich teilweise so genau an Basilius an, dass er Sätze desselben wörtlich in seine Regel herübernimmt. [2]

Die Übereinstimmung der Regeln erstreckt sich aber noch weiter als nur auf die Grundsätze. In ähnlicher Weise vollzieht sich nach beiden Regeln die Aufnahme ins Kloster, die mit einer genauen Prüfung des Entschlusses des Eintretenden, sowie mit Auferlegung erniedrigender Dienste verbunden ist. [3] (Bas. resp. 6 — Ben. c. 58.) Basilius und Benedikt gestatten ferner die Aufnahme von Kindern ins Kloster (Bas. resp. 7 — Ben. c. 33), beide fordern die Besitzlosigkeit des einzelnen

---

[1] Basilius resp. 126 (Holstenius I, 95): Mandati quidem observatio est usque ad mortem.

[2] Der von Basilius resp. 192 als salomonisch citierte Satz: Otiositas est inimicitia animae (wahrscheinlich eine Reminiscenz an Sir. 33, 29: Multam enim malitiam docuit) findet sich bei Benedict c. 48: Otiositas est inimica animae; ferner Bas. resp. 6: Oportet ei iniungi quaedam laboriosa opera et quae videntur opprobia haberi a saecularibus, vgl. Ben. c. 58: Qui super eum omnino curiose intendat et sollicitus sit, si revera Deum quaerit, si sollicitus est ad opus Dei, ad oboedientiam, ad opprobria; Bas. resp. 6: Cum ergo ex his documentis fuerit comprobatus, quia firma mente et stabili consilio sit, vgl. Ben. c. 58: Suscipiendus promittat de stabilitate sua. —

[3] vgl. schon Regula S. Pachomii c. 49 (Holstenius I, 28).

Mönches (Bac. resp. 4, 5, 29 — Ben. c. 33), beide erkennen dem Vorsteher des Klosters eine ausgedehnte Disciplinargewalt zu (Bas. resp. 194 — Ben. c. 24), beide endlich setzen als Strafe die Excommunication, die Ausschliessung aus dem Kloster, für die, welche sich des Klosterdisciplin nicht unterwerfen, fest. (Bas. resp. 76 — Ben. 26—29.)

Es findet sich aber auch eine Reihe von Unterschieden zwischen beiden Regeln. Die Regel des Basilius trägt einen durch und durch erbaulichen Charakter, die Benedikts einen legislatorischen. Bei Basilius finden sich Abschnitte über die würdige Vorbereitung zum Abendmahl, lange biblisch theologische Erörterungen über den Zorn (resp. 159) etc., die wir bei Benedikt vermissen. Benedikt dagegen giebt mit der Genauigkeit eines Gesetzgebers Bestimmungen für alle Lagen des Klosterlebens, während Basilius oft nur die allgemeinen Grundsätze aufstellt und die Anwendung in den einzelnen Fällen den Oberen überlässt. —

Die Abweichungen im Einzelnen, bei denen der verschiedene Charakter der Regeln hervortritt, lassen sich in zwei Klassen teilen. Die Verordnungen Benedikts müssen, teils als Weiterbildung und Ergänzung der allgemeinen Grundsätze des Basilius, teils als principielle Neuerungen, die das Klosterleben, wie es sich nach Basilius gestaltete, umgestalten und reformieren, aufgefasst werden.

1) Zur ersten Klasse sind folgende Abweichungen zu zählen: Basilius bestimmt weder die Kleidung (Bas. resp. 95, 143, 144 — Ben. c. 55) noch das Mass oder die Zeit der Mahlzeiten (Bas. resp. 11, 9 — Ben. c. 39—41), er setzt keine bestimmten Andachsstunden [1] fest (Bas. resp. 109 — Ben.

---

[1] Ueber die Andachtsstunden bei Basilius sagt Pleithner „Aelteste Geschichte das Breviergebets" S. 168: „Wir treffen hier zum ersten Male die volle Zahl der kanonischen Tagzeiten an. Unbestreitbar sind die nächtliche und Morgen Officien, ferner die Terz, die Sext, die Non und Vesper angegeben. Weniger deutlich werden

c. 8—18), er hat auch keine fest begrenzte Fastenzeit (Bas. resp. 181 — Ben. c. 49.) — Basilius giebt ferner nur die allgemeinen Grundsätze der Strafe und Wiederannahme nach aufrichtiger Busse (Bas. resp. 11—13 — Ben. c. 23—30), er kennt keinen feierlichen Aufnahmeakt beim Eintritt ins Kloster (Bas. resp. 6 — Ben. c. 58 und 62), auch die Rangverhältnisse der Mönche sind bei ihm nicht fest geordnet. (Bas. resp. 13 — Ben. c. 63—66.) Er kennt nur einen Vorsteher des Klosters, es fehlen bei ihm der Prcpst und die Dekane als hierarchische Stufe im Kloster.[1]) Das Verhältnis des Kloster zum Diöcesanbischof findet sich an keiner Stelle bei Basilius berührt. (Ben. c. 62 u. 64.)

2) Wichtiger sind die Bestimmungen, in denen Benedikt denen des Basilus ganz andersartige gegenüberstellt. Basilius fordert nicht die vollständige Abschliessung des Klosters von der Welt, er wünscht die Anlage der Klöster in der Nähe der Städte und Flecken, damit die Armen an der Klosterpforte gespeist werden können. (Bas. resp. 98.) Er gestattet

---

auch die Prim und die Komplet bezeugt." Er beruft sich dabei auf Basilius Regula fusius tractata c. 37 (Migne P. G. 81, 1081 ff) Hier findet sich aber die Prim und Komplet nicht erwähnt, sondern sie wird von Pleithner hineininterpretiert. Ferner geht aber diese Recension ursprünglich nicht auf Basilius zurück. s. § 6 S. 89. In der kürzeren griechischen Recension und der lateinischen Uebersetzung Rufins finden sich noch keine festen Gebetsstunden erwähnt. Die Worte der Regula fusius tractata stammen daher aus späterer Zeit. vgl. unten § 6 S. 45. Anm. 1.

[1]) Den Abt bezeichnet Basilius mit dem ganz allgemeinen Ausdruck „qui praeest" (Holstenius I, 88. resp. 80.) Ueber einen Stellvertreter des Abtes, der dem praepositus der Regel Benedikts entsprechen würde, findet sich nur eine Verordnung Reg. Bas. fusius tractata c. 45: ein Stellvertreter soll die Geschäfte des Abtes in seiner Abwesenheit verwalten, damit kein demokratischer Zustand im Kloster eintrete. In der kürzeren griechischen Recension und der Uebersetzung des Rufin wird nichts darüber bestimmt. Diese Verordnung ist daher später.

den Mönchen sogar Besuche zu machen, nur soll der Mönch,
wenn er Frauen aufsucht, stets von einem Bruder begleitet
sein. (Bas. resp. 174.) Auf seinen Wunsch darf der Mönch
auch zeitweilig das Kloster verlassen und zu seinen Verwandten
zurückkehren. (Bas. resp. 32 u. 33.) Ferner steht der Eintritt
ins Kloster auch einem solchen frei, der nur kurze Zeit dort
zu verbleiben gedenkt. (Bas. resp. 87.)

Andererseits verlangt Basilius vollkommene Besitzlosigkeit
von dem, der ins Kloster eintritt, er muss seinen Verwandten
sein Vermögen vermacht haben und darf nichts ins Kloster
mitbringen oder dem Kloster schenken. (Bas. resp. 196.[1])
Er verlangt ferner eine strenge Askese, verbietet jeglichen
Weingenuss.[2]) (Bas. resp. 9.) Auch die Wiederaufnahme eines
Mönches, der das Kloster verlassen hat, gestattet er nicht. —

Benedikt dagegen dringt auf vollständige Abschliessung
des Klosters von der Welt (c. 66) er lässt als einzige Be-
rührung mit der Welt die Aufnahme von Gästen zu. (c. 53.)
Er fordert ferner von dem Eintretenden das Gelübde der
stabilitas loci, wodurch er sich für immer dem Klosterleben
weiht. (c. 58.)

Weitaus milder sind aber seine Bestimmungen über das
Leben der Mönche im Kloster und den Klosterbesitz. Er
gestattet den Mönchen reichliche Speise und Weingenuss.
(c. 40), er erlaubt, ja empfiehlt das Vermachen des Besitzes
des Eintretenden an das Kloster (c. 58 u. 59), er setzt eine
dreimalige Wiederaufnahme eines entlaufenen Mönches fest.
(c. 29.)

---

[1]) Reg. S. Bas. resp. 196 (Holstenius I, 107): Si vero omnibus
derelictis in manibus propinquorum abcessit, nullus vel ipsi vel
fratribus scrupulus debet existere und Reg. S. Bas. resp. 5 (Holstenius I, 78).

[2]) Reg. S. Bas. resp. 9 (Holstenius I, 76): Illud sine dubio desig-
natur, quod omnibus sufficiens esse potuit aquae usus et pernecces-
sarius. —

In den Grundsätzen stimmen also Basilius und Benedikt im wesentlichen überein. Nur erstrebt Benedikt im Unterschied von Basilius eine festere Organisation des Mönchslebens durch grössere Isolierung von der Welt und durch mildere Gestaltung des Klosterlebens. —

II) Wir vergleichen nun die Vorschriften Kassians über das Klosterleben mit der Regel Benedikts.

In zwölf Büchern „De institutis Coenobiorum" schildert Kassian das palestinensische und ägyptische Mönchtum, das er aus eigener Anschauung kennen gelernt hat. In 24 Collationes Patrum berichtet er ferner angebliche Unterredungen mit orientalischen Mönchen über die Mittel zur Erreichung der christlichen Vollkommenheit. Beide Schriften haben aber nicht den Zweck eine möglichst treue Beschreibuug des orientalischen Mönchslebens zu geben,[1] sondern Kassian entwickelt in diesen Schriften sein Klosterideal, wie er es sich im Anschlusse an orientalischer Vorbilder gebildet und in seinem Kloster zu Marseille verwirklicht hat. ---

Die Berührungen zwischen Kassian und Benedikt sind naturgemäss schon gross. Der Grund dafür ist klar: Kassian († um 432) steht Benedikt zeitlich näher als Basilius und schreibt wie Benedikt für Abendländer. —

Kassian hat zunächst ein grösseres Interesse als Basilius an den Äusserlichkeiten des Klosterlebens. Seine Schriften tragen ähnlich wie die Regel Benedikts einen legislatorischen Charakter. Bei Kassian wird die Kleidung der Mönche, die Speise, die Arbeitseinteilnng ausfülrlich festgesetzt. (Inst. lib. I, c. 2—10 u. lib. II.) Er ordnet auch den Psalmengesang und setzt feste Gebetsstunden an. (Inst. lib. III.) Er hat eine ausgebildete hierarchische Ordnung mit Abt und Dekanen[2]

---

[1] Möller „Lehrbuch der Kirchengeschichte" I, 365.

[2] Bei Kassian finden wir im Kloster nur die Stufen des Abtes und der Dekane. Unter praepositus versteht er nur die Dekane De Coenob. inst. lib. IV, c. 8: praepositis, quibus vicaria unusquisque

fordert ein einjähriges Noviziat. (Inst. lib. IV c. 7 u. 10) In allen diesen Bestimmungen finden wir keine oder nur unwesentliche Unterschiede zwischen Kassian und Benedikt. Diese unwesentliche Abweichungen sind folgende: Kassian setzt sieben Gebetsstunden, die Vigilie, Matutin, Prim, Terz, Sext, Non und Vesper fest.[1]) Benedikt fügt diesen Horen noch die achte, die Komplet hinzu. Kassian bestimmt, dass nur ein Älterer zum Abt gewählt werden darf, Benedikt mildret diese Verordnung und lässt auch die Wahl eines Jüngeren zu, da nicht Lebensalter und Rang, sondern das Verdienst den Ausschlag bei der Wahl geben soll. Kassian verlangt, dass jeder Mönch in seiner Zelle allein arbeiten soll (De coenob. inst. lib II c. 14), Benedikt dagegen verordnet menschlicher und milder das Zusammenarbeiten der Mönche. — Zwei Differenzen principieller Art finden sich noch zwischen Benedikt

suae decaniae subministrat, cum illa, quibus vestiti sunt, sorduisse conspexerit. Einen Klosterpropst als Zweiten im Kloster finden wir zuerst bei Benedikt c. 65. Auch die praepositi, die Hieronymus in der Vorrede zur Regel des Pachomius (Holstenius I, 25) erwähnt, sind nur Dekane, denen eine grössere Anzahl von Mönchen unterstellt war: Habent per singula monasteria patres et dispensatores et hebdomadarios, ac ministros et singularum domorum praepositos, ita ut una domus quadraginta plus minusve fratres habeat, qui oboediunt praeposito sintque pro numero fratrum triginta vel quadraginta domnus in uno monasterio.

[1]) Cassian De Coenobiorum instit. lib. III c. 6 (Migne S. L. 49 S. 124) nennt die Prim matituna und zwar novella sollemnitas im Gegensatz zur alten Matutin. Pleithner, „Älteste Geschichte des Beviergebets" S. 257 ff. behauptet, Kassian habe auch schon die Komplet gekannt. Dass dies nicht der Fall ist, geht deutlich aus seinen Worten lib. III c. 4 hervor: Tamen illum numerum, quem designat beatus David, quamquam spiritalem quoque habeat intellectum, secundum literam manifestissime supplet: Septies in die laudem dixi tibi super iudicia iustitiae tuae und De. coeb. instit. lib. II c. 3 (Migne P. L. 49. S. 81): Hac enim adiecta solemnitate (scl. nova matutina = Prim) septies in die laudes Domino dicere comprobamur.

und Kassian. Kassian fordert nicht die stabilitas loci von
den Mönchen und er gestattet nicht, dass der ins Kloster
Eintretende Geld oder noch irgend etwas anderes mitbringen
und dem Kloster vermachen darf[1]).

III) Drittens vergleichen wir die Regel Benedikts mit
der seines Zeitgenossen des Bischofs Caesarius von Arles.
(† 543) Wir ziehen nur diese gleichzeitige Regel zum Vergleiche heran, weil von ihr unbestritten ist, dass sie von der
Regel Benedikts unabhängig ist; wogegen das Verhältnis der
etwas späteren Regeln des Aurelianus von Arles, die sicher
·von Cäsarius abhängig ist, des Leander von Sevilla, des Paulus
und Stephanus, zu der Regel Benedikts noch einer Untersuchung bedarf. — In der Regel des Caesarius von Arles
findet sich kein principieller Unterschied mehr von der Benedikts.
Caesarius fordert ebenso entschieden und ausdrücklich wie
Benedikt die stabilitas loci c. 1: Imprimis si quis ad conversionem venerit, ea condilione excipiatur, ut usque ad mortem
ibi perseveret, und gestattet die Schenkung des Besitzes des
Eintretenden an das Kloster c. 1: si non vult vendere, dona-
tionis chartas aut parentibus aut monasterio faciat. Benedikt
stimmt also mit seinem Zeitgenossen in allen principiellen
Punkten über die Gestaltung des Klosterlebens überein. —
Ausser den obengenannten Punkten, die man auf Benedikt
von Nursia zurückführte, wird die Mässigung als eine hervor-
ragende Eigentümlichkeit seiner Regel hervorgehoben[2]).

Allerdings gebührt ja Benedikt in diesem Stücke ein
wesentlicher Vorzug gegenüber Basilius und auch noch Kassian,
um von den älteren oft geradezu unmenschlichen Bestimmungen
eines Pachomius und anderer zu schweigen. Vergleichen wir
aber seine Regel mit der seines Zeitgenossen Caesarius von

---

[1]) Cassian De Coenobiorum institutis lib IV c. IV (Migne P. L. 49,
156 u. 57.) Et idcirco ne usibus quidem coenobii profuturos suscipere
ab eo pecunias acquiescunt.

[2]) Vogel Benedikt von Nursia R E² II, 281 unten.

Arles, so steht letztere, die allerdings ungleich kürzer gefasst
ist, auch in dieser Beziehung nicht zurück. Caesarius verlangt ebenfalls im Gegensatz zu den älteren Mönchsregeln
eine weit mildere Askese. Er gestattet bei beiden Mahlzeiten
je zwei Gänge und in der Fastenzeit bei der einen Haupt-
mahlzeit drei Gänge. (c. 22) Er erlaubt wie Benedikt den
Weingenuss, je zwei Becher zu den beiden Mahlzeiten und
drei zu der einen Mahlzeit in der Fastenzeit, worüber die
älteren Mönchsregeln sämmtlich das Verdikt gesprochen
hatten[1]. (c. 22) Er fordert die äusserste Fürsorge für Kranke
und Schwache. (c. 17 u. 24) In allen diesen Verordnungen
steht Caesarius dem Benedikt um nichts nach. Nur in einem
ganz unwesentlichen Punkte weichen sie von einander ab.
Caesarius verbietet jeden Fleischgenuss[2] (c. 24), Benedikt
gestattet Fleischspeisen mit Ausnahme der von vierfüssigen
Tieren. — Auch die Mässigung darf mithin nicht als ein der
Regel Benedikts eigentümlicher Vorzug angesehen werden.

IV) Zum Schlusse vergleichen wir die Regel Benedikts
mit der Regel Kolumbans, des Klostergründers von Anegray,
Luxeuil, Fontaines, Besançon und Bobbio, der allerdings ein
halbes Jahrhundert später als Benedikt lebte. († 615.) Die
Regel Columbans ist aber deshalb besonders wichtig, weil die
Regel Benedikts bei ihrem allmäligen Vordringen diese in
vielen Klöstern antraf, mit ihr zeitweise zusammengebraucht

---

[1]) Reg. Antonii (Holstenius I, 4) c. 14: Ne commoreris in loco,
ubi vinum exprimitur nec comedas carnem omnino. Reg. S. Pachomii
(Holstenius I, 28) c. 45: Vinum et liquamen absque loco aegrotantium
nullus attingat und Reg. S. Bas. § 6. 8. 43. Anm. 2.

[2]) Reg. S. Caesarii (Holstenius I, 146) c. 24: Pullos et carnes
nunquam sani accipiant: infirmis, quidquid necesse fuerit, ministren-
tur. Im Gegensatze zu pulli Hühner d. h. im weiteren Sinne Ge-
flügel bedeutet carnes Fleisch von Vierfüsslern. Also alles Fleisch
ist nach Caesarius den Mönchen verboten, wozu jedoch nicht Fisch-
speisen, das eigentliche Fastengericht, gehörten.

wurde[1]) und sie endlich verdrängte. Sicher ist die Regel
des Iren Columbans von der Benedikts ganz unabhängig, was
aus der Regel selbst ersichtlich ist und aus der Zeit der Abfassung (um 595), in der die Regel Benedikts noch auf ganz
enge Gränzen beschränkt war,[2]) gefolgert werden muss.

Es herrscht allerdings ein Streit, welche von den unter
dem Namen Kolumbans überlieferten Klostervorschriften als
ächt zu betrachten sind.[3]) Ebrard hat die unter dem Namen
S. Columbani regula coenobialis uns überlieferte Regel, die in
einigen Codices nur als Regula coenobialis patrum (oder fatrum)
Hibernensium auf Grund seiner Anschauung von dem Kuldeis-
mus für unecht erklärt.[4]) Hertel,[5]) Werner[6]) und besonders
Löning[7]) sind aber dem mit Recht entgegen getreten, indem
Löning das übersehene Zeugnis der Regel des Donatus[8])
für die Ächtheit der regula coenobialis herangezogen
hat, und haben die beiden Regeln die regula monastica und
die regula coenobialis als Werke Columbans erwiesen. Wir
vergleichen also im Folgenden diese beiden Regeln Columbans
mit der Benedikts, indem wir auch c. 7 „De cursu Psalmorum
der regula monastica, das ohne hinreichende Gründe von
Löning dem Kolumban abgesprochen ist, für ächt halten. —

Was die Charakteristik der Bestimmungen Columbans
betrifft, so halten wir die Behauptung Ebrards,[9]) wonach der
regula monastica jener Geist der Innerlichkeit und Freiheit

---

[1]) s. unten § 9 S. 62.
[2]) s. unten § 7 S. 51 ff.
[3]) Als sicher unächt ist der uns erhaltene liber poenitentialis
Columbani erkannt, s. Werner "Kolumban." RE² III, 822.
[4]) Ebrard, die irisch-schottische Missionskirche des 6. bis 8.
Jahrhunderts, Gütersloh 1878 S. 149 ff.
[5]) Hertel, Studien und Kritiken. 1875 S. 441 ff
[6]) Werner, Kolumban. RE² III, 822.
[7]) Löning, Geschichte des deutschen Kirchenrechts. II, 482 ff.
[8]) Prologus Regulae S. Donati s. § 4. S. 18.
[9]) Ebrard, Die irisch-schottische Missionskirche. S. 149 ff.

vom gesetzlichen Wesen, der die ganze Theologie Columbans und der Kuldeer überhaupt charakterisiert, eigne, mit Recht von Löning zurückgewiesen. Beide Regeln Columbans zeigen dieselben Eigentümlichkeiten, nur enthält die zweite die Anwendung der in der ersten ausgesprochenen Grundsätze. Die Regeln charakterisieren sich als das Werk eines Mannes, dem es heiliger Ernst ist mit Verwirklichung des Mönchsideals im Klosterleben,[1]) ein Ernst, der besonders in der regula coenobialis zur unerbitterlichen Härte[2]) wird und oft ins kleinlichste ausartet.[3]) Columban hat einzig und allein ein Interesse an der Zucht der Mönche, die Äusserlichkeiten des Klosterlebens treten bei ihm ganz zurück; wir vermissen Bestimmungen über die Kleidung, über die Arbeitseinteilung, die Klosterhierarchie, das Verhältnis zur Aussenwelt,[4]) alles Dinge, die bei Benedikt einen breiten Raum einnehmen. Nur über den Psalmengesang c. 7 und über die Bestrafung ungehorsamer Mönche in der regula coenobialis finden sich statutarische

---

[1]) Reg. monast. c. 6: Et quid prodest virgo corpore, si non sit mente virgo? Deus enim spiritus est et in spiritu habitat ac mente, quam immaculatam viderit. vgl. auch Jonas, der Schüler und Biograph Kolumbans, De vita B. Columbani c. IX: His ergo in locis Monachorum plebibus constitutis, ipse vicissim omnibus intererat, Regulamque, quam tenerent spiritu sancto repletus condidit: in qua autem qualis et quantae disciplinae vir sanctus fuerit, prudens lector vel auditor agnoscit.

[2]) Columban bestimmt z. B. regul. coen. 50 Schläge für die Erzählg von fabulae otiosae, für das Sprechen mit einer Frau unter vier Augen 200 Schläge.

[3]) Mit 6 Schlägen wird gestraft, wer das Sprechen des Amen bei Tische vergessen, wer den Abendmahlskelch, der damals natürlich noch den Laien gegeben wurde, mit den Zähnen bewegt, ein Presbyter, der sich nicht die Nägel beschnitten hat und ein Diakon, der sich nicht rasiert hat.

[4]) Nur an einer Stelle der reg. coenob. heisst es: oeconomus procuret de humanitate advenientibus exhibenda.

4

Bestimmungen, im übrigen hatte der Vorsteher[1]) vollkommen
freie Hand. Ein besonderer Aufnahmeakt des ins Kloster
Eintretenden und die Verpflichtung zur stabilitas loci erwähnt
Columban nicht. Die stabilitas loci setzt er aber, weil sie
damals wohl schon allgemein verbreitet war, voraus[2]).

Die Hauptdifferenz zwischen Columban und Benedikt
ist die, dass Columban eine ungleich strengere Askese im
Klosterleben fordert als Benedikt. Er ordnet tägliches Fasten
an[3]) nur abends wird eine Mahlzeit eingenommen, die aber
auch nur sehr dürftig ist und nur aus Gemüse und Brod
besteht.[4]) Als Getränk dient bei Columban wie aus der reg.
coenob. hervorgeht, statt des Weines bei Benedikt und
Cäsarius das Bier (cervisia)[5]).

Als Resultat des Vergleiches ergiebt sich, dass die Regel
Benedikts im Vergleiche mit der Columbans, die ein Zurück-
lenken zu den alten Klosterregeln mit ihrer zum Teil un-
menschlichen Gestaltung des Klosterlebens ist, einen bedeutenden
Vorzug hat, einen Vorzug, den sie aber mit der Regel des
Cäsarius teilt.

---

[1]) In der reg. monast. c. 9 heisst der Vorsteher praepositus,
in der reg. coen. unterscheidet Columban zwischen abbas und
praepositi. Dies weist nicht auf einen verschiedenen Verfasser,
sondern zeigt nur, dass Columban noch nicht feste Titel für die
einzelnen Oberen hatte.

[2]) Colum. reg. monast. (Holstenius I, 170) c. 1: oboedientia
autem usque quem ad modum definitur? usque ad mortem certe
praecepta est.

[3]) reg. monast. c. 8: Ergo quotidie ieiunandum est, sicut quotidie
orandum est, quotidie laborandum, quotidie est legendum.

[4]) reg. monast. c. 8: Cibus sit vilis et vespertinus, monachorum
satietatem fugiens et potus ebrietatem.

[5]) reg. coenob.: vel certi si multum est, quod effudit, quadranos
de cervisia aut mensuras qualiumcunque rerum intercedente negli-
gentia effundens perdidit, sub putatis tot diebus illo, quod in sumptus
proprios vitae accipere consueverat, sibi eam perdidisse sciat, ut pro
cervisia aquam bibat.

Nach der vorangehenden Untersuchung ist also die Regel
Benedikts keineswegs in besonderer Weise epochemachend in der
Geschichte des Mönchtums zu nennen; sie ist vielmehr nur
eine geschickte und präcise Fixierung der Entwicklung, die
das Mönchtum im Abendlande zu seiner Zeit erreicht hatte,
während die Regel Columbans eine Repristination der alten
Gestaltung des Klosterlebens ist. Dies ist das einzige Verdienst
Benedikts, ein Verdienst, dem allerdings eine grosse Zahl von
geschichtlich wichtigen Persönlichkeiten ihren Ruhm bei der
Nachwelt verdanken. Ebenso wie Benedikt käme aber auch
seinem Zeitgenossen Cäsarius von Arles, der keinen Namen
in den Annalen der Mönchsgeschichte erhalten hat, dieses
Verdienst zu. Aus inneren Gründen allein oder vornehmlich
lässt sich mithin die gewaltige Bedeutung, die die Regel
Benedikts von Nursia erlangt hat, nicht erklären. Wir wollen
im Folgenden aufzuzeigen versuchen, welche Faktoren es
waren, die ihr zu diesem Ruhme verhalfen. —

§ 7.
Geschichte der Stiftung Benedikts bis auf Gregor den Grossen. 540—600.

Nach der vorangehenden Untersuchung gehört Benedikt
zu der grossen Zahl von Klostergründern, die ihrem Kloster
eine Regel gaben. Eine Verbreitung seiner Regel im grösseren
Massstabe hat er jedenfalls nicht angestrebt. —

Zu seinen Lebzeiten wurde nur ein Kloster in Terracina,
das eine Tagereise von Monte Cassino entfernt ist, auf Bitten
eines Vornehmen nach dem Muster des Mutterklosters er-
richtet.[1] Allerdings wird uns noch berichtet, dass er den
heiligen Maurus,[2] seinen Lieblingsschüler nach Frankreich zur

---

[1] Gregorii Dial. lib. II, 22 (ed. Mittermüller S. 49).
[2] Dass die Vita Mauri des Abtes Odo eine Fälschung ist, bedarf jetzt nicht mehr des Nachweises. s. oben § 2 S. 6 und Löning

Gründung des Klosters Glanfeuil und den heiligen Placidus[1]) nach Sicilien zu Klostergründungen entsandt habe. Diese Nachrichten beruhen aber sicher auf Fälschungen aus später Zeit. — Von den nächsten Äbten des Klosters Monte Cassino wird der dritte Nachfolger Benedikts Simplicius wegen seiner Thätigkeit zur Ausbreitung der Regel seines Meisters gefeiert.[2]) Diese Nachricht findet sich aber zuerst bei einem höchst unzuverlässigen Schriftsteller des zwölften Jahrhunderts und ist historisch völlig wertlos. Auch ist uns noch ein Schreiben eines Abtes in der Nähe der Stadt Fundanum an Simplicius überliefert, wonach die Regel Benedikts schon damals die Norm des Klosterlebens in ganz Italien gebildet hätte.[3]) Die

---

„Geschichte des deutschen Kirchenrechts" II, 368 Anmk, Mabillon Ann. Ord. S. Ben. Saec. I, 107 ff. u. 629 ff. Schon der Kritiker Oudinus (Commentarius De scriptoribus ecclesiasticis S. 415) hat in dieser Frage richtig geurteilt: Nam Maurus apud Casinum Benedicto remansit et mortuus est, nec Faustus ullus unquam fuit, qui vitam eius conscriberet, sed omnia haec, quae de adventu S. Mauri in Galliam decantata sunt ex cerebro Odonis Glannafoliensis Abbatis praecesserunt ducentis annis post S. Mauri mortem et amplius.

[1]) Auch die Sendung des h. Placidus nach Sicilien, die Petrus Diaconus (Chronicon Casinense Mon. Ger. IX. S.S. VII S. 580) und die Acta S. Placidi auctore Pseudo Gordiano (Act. S. S. Oct. III S. 114 ff.) berichten, ist völlig unhistorisch (vgl. Mabillon Ann. Ord. S. Ben. Saec. I, lib. IV S. 90 ff.) Alle Schriftsteller bis auf Petrus Diaconus († 1118) wissen von dieser angeblichen Thatsache nichts.

[2]) Simplicius Regulam, quam suus magister ediderat, publice legendam omnibus monachis tradidit: versus quoque nonnullos de eadem re descripsit. (Petrus Diaconus, de viris illust. Casin. c. 5. S. 9) vgl. Holstenius I, 112.

[3]) Hinc factum est, ut iam omnia monasteria Campaniae, Samniae, Valeriae, Tusciae, Liguriae et aliarum provinciarum Italiae certam et rectam regulam vivendi, quam sanctissimus et Deo acceptus Benedictus magister tuns instituit, servare decreverint, ut iuxta illam viventes nec ad dexteram nec ad sinistram declinare praesumant.

Ächtheit dieses Briefes ist von Mabillon verteidigt worden.[1]) Der ganze Stil des Schreibens, in dem Benedikt sanctissimus genannt wird und sich als Anrede an Simplicius „sanctitas vestra" und „paternitas vestra" findet, ist in einem Briefe aus dem Ende des sechsten Jahrhundert mindestens ungewöhnlich. Andrerseits ist das Schweigen Gregors des Grossen und zeitgenössischer Nachrichten über diese Verbreitung der Regel Benedikts kurze Zeit nach dem Tode des Stifters unter Voraussetzung der Ächtheit des Schreibens vollkommen unerklärlich. Es gehört daher sicher wie die Vita Mauri und Placidi zu den Fälschungen, welche die Verbreitung der Regel, über die man nichts mehr wusste, künstlich in eine sehr frühe Zeit zurückdatieren sollten. —

Ein Ereignis aber, das auch historisch bezeugt ist,[2]) ist von der grössten Wichtigkeit für die Geschichte der Stiftung Benedikts von Nursia geworden, nämlich die Zerstörung von Monte Cassino durch die Langobarden, die um 580[3]) stattfand. Es wurde dadurch von der weitgehendsten Bedeutung, weil die Mönche aus Monte Cassino nach Rom übersiedelten,

---

Hanc ergo servandam proposui huic congregationi, cum nuper me in suum Abbatem eligit indignum. (Mabillon Ann. Ord. S. Ben. Tom. I lib. IV S. 148 ff. u. Act. S. Ord. S. Ben. Praefatio. S. XIX.

[1]) Mabillon führt als Bekämpfer der Ächtheit des Briefes Gallonius an. (Ann. Ord. S. Ben. Tom. I lib. II S. 148.) Der Traktat des Gallonius (Apologeticus liber pro assertis in annalibus ecclesiasticis Baronii de monachatu S. Gregorii Papae adversus Constantinum Bellotum ist mir aber nicht zugänglich gewesen. —

[2]) Paulus Diaconus, De gestis Langobardorum lib. IV. c. 17. (S. S. rer. Lang. Saec. VI—IX S. 222): Circa haec tempora coenobium beati Benedicti patris, quod in castro Casino situm est, a Langobardis noctu invaditur. Fugientes quoque ex eodem loco Romam petierunt monachi, secum regulae sanctae codicem, quam praefatus pater composuerat et quaedam alia scripta necnon pondus et mensuram vini deferentes. —

[3]) Ueber das Jahr der Zerstörung von Monte Cassino s. Chronicon Casinense M. G. IX. S. S. VII S. 580 Anmerkung.

wo ihnen der damals regierende Papst Pelagius einen Ort
zu einem Kloster in der Nähe des Lateran anwies.[1]) Dies
ist das erste und einzige Ereignis bis auf Gregor den Grossen,
wenn wir von der Gründung des Klosters Terracina, das in
den Wirren ·der Langobardischen Kriege vielleicht zu Grunde
ging und von dem Kloster in Subiaco, wo Benedikt vor der
Gründung Monte Cassinos als Mönch gelebt hatte,[2]) absehen,
das die Stiftung Benedikts über die Grenzen Kampaniens
hinaus bekannt machte. In Rom dem Punkte, von dem aus
das ganze Kirchenwesen des Abendlandes geleitet wurde,
musste naturgemäss die Stiftung Benedikts von Nursia die
Beachtung aller auf sich ziehen. Thatsächlich erlangte sie
von hieraus im Dienste und unter der Leitung grosser
römischer Bischöfe und Legaten eine Bedeutung, die aus
inneren Gründen allein vollkommen unerklärlich ist. —

§ 8.
Gregor des Grossen Thätigkeit für die Stiftung Benedikts von Nursia.

Bis auf die Zeit Gregors des Grossen war die Regel
Benedikts nur von Monte Cassino nach Rom gelangt, sehr

---

[1]) Greg. Dial. lib. II praefatio (ed. Mittermüller S. 6): Valentiniano quoque, qui annis multis Lateranensi monasterio praefuit und
Chronicon Casinense lib. I, c, 2 (M. G. S. S. VII, S. 580): Atque
(scl. fugientes ex Casino) ex concessione Romani pontificis Pelagii,
qui tunc sedi apostolicae praeerat, iuxta Lateranense patriarchium
monasterium statuerunt; ibique per centum fere ac decem annos,
quod Casinense monasterium destructum permansit, habitaverunt. —
[2]) Greg. Dial. lib. II, praef. (ed. Mittermüller S. 6): Honorato
etiam, qui nunc adhuc cellae eius (scl. S. Benedicti), in qua prius
conservatus fuerat, praeest. vgl. Greg. Dial. lib. II (ed. Mittermüller
S. 6 Anmk. 6): ein Citat aus einem alten Chronicon des Klosters
Subiaco: Secundo loco eiusdem monasterii et congregationis regimen
tenuit Honoratus iam dicti Patris Benedicti discipulus, ex cuius
sanctitate et opere coenobium Sublacense augmentandi materiam
sumpsit.

bald nach seinem Tode finden wir sie auch in England, Frankreich und anderen Ländern des Abendlandes. Es ist nun die Frage, wie weit ist Gregor an diesem grossartigen Aufschwunge der Stiftung Benedikts im siebenten Jahrhundert beteiligt. — Die Ansichten gehen hierüber weit aus einander[1]). Zunächst ist es sogar bezweifelt worden, dass Gregor als Mönch in einem Kloster nach der Regel Benedikts gelebt hat. Baronius[2]) hat behauptet, dass in dem Kloster des heiligen Andreas zu Rom, in dem Gregor lebte, die instituta abbatis Equitii als Norm gegolten hätten. Von den ältesten Quellen für das Leben Gregors[3]) wird uns nur berichtet, dass Gregor 575. Mönch im Kloster des Andreas wurde, das er aus seinem Vermögen in Rom ad clivum Scaurum gleichzeitig mit sechs anderen Klöstern auf Sicilien gründete. Erst zwei jüngere

---

[1]) Mabillon Ann. Ord. S. Ben. lib VI S. 165 ff.

[2]) Baronius Ann. ecclest. Band X, 846 ff.

[3]) Paulus Diaconus, S. Gregorii vita (Migne P. L. 75, 48) Lex denique in Sicilia monasteria construens, fratres illic Christo servituros aggregavit; septimum vero intra urbis huius muros instituit, in quo et ipse postmodum regulari tramite, multis sibi sociatis fratribus, sub abbatis imperio militavit. Diese Vita Gregorii ist nach dem Nachweise Mabillons (Ann. Ord. S. Ben. Tom I lib V. S. 267) eine Kompilation aus Gregor von Tours († 594) und Beda († 785) (vgl. Bethmann „Paulus Diakonus" Arch. d. Gesell. für alt. deutsche Geschichtskunde X, 808 ff.) Gregor von Tours, Hist. Franc. lib X, c. 1 (Migne P. L. 75, 527) berichtet: Hic enim de senatoribus primis ab adolescentia devotus deo, in rebus propriis sex in Sicilia monasteria congregavit; septimum intra urbis Romae muros instituit; Beda Hist. eccl. gent. Angl. lib II c. 1 (Migne P. L. 95, 77): et pontificali functus officio domum suam monasterium facere curavit. — Die anderen beiden ältesten Lebensbeschreibungen Gregors enthalten folgende Nachrichten: Vita Greg. Magn. im Liber pontificalis (Muratori, Rer. Ital. S. S. Tom III, Pars I, 184): Hic (scl. Gregorius) domum suam constituit monasterium; Vita Greg. Magn. auctore anonymo (Canisius Thesaur. monum. eccl. ed. Basnage Tom. II, pars 8. S. 256): In quo (scl. monasterio S. Andreae) .... diu desideratum Monachi-

Berichte des Lebens Gregors[1]) betonen ausdrücklich, dass er im Kloster nach der Regel Benedikts lebte. — , Zur Zeit, als Gregor seine Klöster stiftete, waren die Mönche aus Monte Cassino noch nicht nach Rom übergesiedelt. Erst fünf Jahre später gründeten sie das Kloster am Lateran, wodurch die Stiftung Benedikts in Rom bekannt wurde. Gregor konnte daher 575 nicht seinen neu errichteten Klöstern die Regel Benedikts zur Norm des Klosterlebens geben. Ob er aber seine Klöster nach den instituta Equitii, den er in seinen Dialogen wegen seiner Wunder rühmt[2]), oder nach einer anderen Regel eingerichtet hat, steht bei dem Mangel an einschlägischen Nachrichten völlig dahin. Gegen die instituta Equitii als Norm des Klosterlebens spricht, dass Gregor kein schriftliches Werk dieses Abtes erwähnt[3]). Als aber Gregor 580 mit der Stiftung Benedikts von Nursia durch die flüchtigen Mönche aus Monte Cassino bekannt geworden war, hat er zu ihrer Ausbreitung und Ruhme bedeutend beigetragen oder richtiger ihr erst dazu verholfen. Bis auf Gregor war sie unbekannt und ohne Gregors Thätigkeit wäre sie es vielleicht noch längere Zeit geblieben.

---

cum capiens indumentum primo sub Hilarionis, deinde sub Maximiniani venerabilium patrum regimine multis sibi sociatis fratribus regulari tramite militavit. —

[1]) Johannes Diaconus, (um 872) Vita Greg. lib IV c. 82 (Migne P. L. 75, 228): Quod vero monachi, qui a Gregorio in Saxoniam missi S. Benedicti regulae fecerunt mancipati, inter alia etiam illud ostendit, quod ex ipsius discipulis vix potest in illis partibus monachus aliquis inveniri, a quo non observatum tam in proposito quam in habitu regula S. Benedicti. Quapropter sicut constat Gregorianum monasterium (scl. S. Andreae) a Latinitate in Graecitatem necessitudine potius quam voluntate conversum, ita fideliter praestolatur in Latinitatis cultum. — Vita Greg. Magn. in Vitae Rom. Pontif. (Muratori Rer. Ital. Script. III Tom; II Pars S. 55): Gregorius sub regula Beati Benedicti Patris monachorum verus cultor exstitit.

[2]) Greg. Mag. Dial. lib I, c. 4 (Migne P. L. S. 166.)

[3]) Mabillon An. Ord. S. Ben. lib VI. S. 166.

Zunächst hat Gregor durch seine litterarische Thätigkeit
für die Verbreitung der Stiftung gewirkt. In seinem zweiten
Buch der um 593 geschriebenen Dialoge hat er dem Ruhme
Benedikts ein bleibendes Denkmal gesetzt [1]). Mit diesem
Werke verbreitete sich auch naturgemäss seine als discretione
praecipua, sermone luculenta gepriesene Regel [2]). Auch noch
an anderen Stellen seiner Werke [3]) lobt Gregor Benedikt
wegen seiner Verdienste um die Gestaltung des Mönchslebens.
Über die unmittelbare Thätigkeit Gregors für die Stiftung
Benedikts wissen wir wenig. Nur, dass später durch ihn die
Regel Benedikts in den von ihm gegründeten Klöstern als
Norm des Klosterlebens galt, können wir aus einigen Nachrichten schliessen. Die Zeugnisse hierfür finden sich, wie
schon die Mauriner bemerkt haben [4]) in seinem Briefwechsel.
Er schreibt an Urbicus [5]), den Abt eines der sieben von
Gregor auf Sicilien gegründeten Klöster: Quod ex quanta
amaritudine cordis descenderit, tua poterit dilectio scire, si
regulam monachorum nosse voluisset. Er verweist den Abt
in diesem Schreiben auf die regula monachorum, in einem
Falle, wo ein Mönch ein kleines Geschenk [6]) ohne Erlaubnis
des Abtes angenommen hatte. Da dies Benedikt ausdrücklich

---

[1]) vgl. oben § 1, S. 8 ff.
[2]) Greg. Dial. lib II, c. 86 (Migne P. L. 66, 200.)
[3]) Expositiones Greg. in prim. Reg. lib IV. (Migne 79, 245):
Quare et eiusdem arctissimae vitae magister optimus, summae veri-
tatis discipulus eruditus praecipit dicens: Probate spiritus, si ex Deo
sint. (vgl. Reg. S. Ben. c. 58) und Greg. Dial. lib III c. 16 (Migne
P. L. 77, 201): Quod vir vitae venerabilis Benedictus audiens, cuius
superius memoriam feci, ei per discipulum suum mandare curavit:
Si servus dei es, non teneat catena ferri, sed catena Christi. —
[4]) Greg. Mag. lib XI ep. 48 (Migne P. L. 77, S. 1168) und S.
Greg. Magni, Vita ex eius Scriptis adornata lib I c. 8 (Migne 75,
S. 258.)
[5]) Greg. Magn. lib XI ep. 48. (Migne 77, S. 1168)
[6]) Unter eulogium ist nach Du Cange III, 384 ein kleines Geschenk (munusculum) zu verstehen.

in c. 54 seiner Regel verbietet, so ist unter Regula Monachorum
zweifellos die Regel Benedikts zu verstehen. Galt aber in
einem der von Gregor gegründeten Klöster die Regel Benedikts
als Norm des Klosterlebens, so können wir wohl annehmen,
dass dies auch in den anderen, also auch in dem Kloster
des heiligen Andreas zu Rom der Fall war.

Die Einführung der Regel in diese Klöster fällt wahrscheinlich unmittelbar, nachdem Gregor die Regel Benedikts
durch die Mönche aus Monte Cassino kennen und schätzen
gelernt hatte. —

Ausser der Verbreitung der Regel in Italien wissen wir
noch, dass sie zu Gregors Lebzeiten nach England kam.
Dorthin sandte Gregor 596 Augustin zur Bekehrung der
Angelsachsen. Augustin war zuvor Probst in dem Kloster
des heiligen Andreas zu Rom gewesen, in dem als Norm
des Klosterlebens die Regel Benedikts galt [1]). Mit dem Christen-
tum führte Augustin bei den Angelsachsen auch das Mönchsleben
ein und gründete Klöster, in die er wahrscheinlich auch die
Regel Benedikts einführte. Eine ausdrückliche Nachricht darüber haben wir ausser bei Johannes Diacanus [2]) nicht; denn
der Brief Gregors an Augustin, den Mabillon als Beweis dafür anführt, giebt keinen Aufschluss darüber [3]). Dennoch hat

---

[1]) Wie oben gezeigt ist, hat Gregor wahrscheinlich kurz nach
580 die Regel Benedikts zur Norm des Klosterlebens im Andreas-
Kloster gemacht. Sicher galt sie 593, in welchem Jahre die Dialogen
abgefasst sind. Augustin, der 596 zur Bekehrung der Angelsachsen
auszog, hatte also nach ihr im Kloster gelebt.

[2]) s. oben § 8. S. 56 Anm. 1.

[3]) Als Beweis für die Einführung der Regel Benedikts in England
führt Mabillon (Act. S. Ord. S. Ben. Praef. S. 40) den Brief Gregors
an Augustin an lib. XI ep. 64 (Migni 77, 1187) Quia tua Fraternitas
monasterii regulis erudita seorsum vivere non debet a clericis suis in
ecclesia Anglorum, quae nuper auctore Deo ad fidem perducta est, hanc
debet conversionem instituere, quae in initio nascentis ecclesiae fuit
patribus nostris. Die Worte monasterii regulis erudita können nur be-

Mabillon durch andere Nachrichten über die englischen Klöster, die einer späteren Zeit entstammen und die Regel Benedikts als Norm des Klosterlebens nennen, überzeugend nachgewiesen, dass die Verbreitung der Regel in England auf die Gründung Augustins, auf das Kloster des heiligen Erlösers zu Canterbury, zurückgeht [1]). Soviel wissen wir mit einiger Sicherheit über die Thätigkeit Gregors für die Stiftung Benedikts. Alles Folgende beruht nur auf Vermutungen. Dies kann um so mehr auffallen, als der grosse Briefwechsel des Papstes, den man mit Recht den Vater der Mönche genannt hat, sich viel mit Klosterverhältnissen beschäftigt. Es erklärt sich dies aber aus dem Zustand des damaligen Klosterlebens. Wir haben eine ziemlich genaue Schilderung des Klosterlebens der damaligen Zeit bei einem Zeitgenossen Gregors des Grossen, bei Gregor von Tours. Diese zeigt uns ein sehr buntes Bild. Mehrere Regeln galten gleichzeitig in einem Kloster und es stand im Belieben des Abtes die Norm, nach der sich das Klosterleben gestaltete, jederzeit zu ändern [2]). Bei einem solchen Zustande der Klosterverhältnisse lag es natürlich auch Gregor dem Grossen durchaus fern die Regel Benedikts in

---

deuten „in den Bestimmungen des Klosterlebens unterrichtet" (vgl. für diese Bedeutung von regula § 4 S. 19) und geben keinen Aufschluss, ob Augustin die Regel Benedikts bei den Angelsachen eingeführt hat.

[1]) Mabillon Anm. Ord. S. Ben. Tom. I Appendix I Pars. II S. 658—665.

[2]) Gregorius Turonensis († 594) Hist. eccl. Francorum lib. X c. 29. (Migne P. L. 71, 560.): Quid plura? construxit (scl. Aredius, pater monasterii Atanensis) templa Dei in honore sanctorum, expetitque eorum pignora ac ex familia propria tonsuratos instituit monachos coenobiumque fundavit, in quo non modo Cassiani verum etiam Basilii reliquorum abbatum, qui monasterialem vitam instituerunt, celebrantur regulae. Dass derartige Verhältnisse nicht nur in Frankreich, sondern auch in Spanien und Italien bestanden, ist aus den verschiedenen aus dieser Zeit überlieferten Regeln ersichtlich. (Holstenius I, 88 ff: Regulae Orientales Saec. VI.)

alle Klöster einzuführen. Dennoch bevorzugte und empfahl
er sie, soweit sein Einfluss reichte.

Es ist nun eine nicht unwahrscheinliche Vermutung, die
Löning geäussert hat[1]), wenn wir auch keine bestimmte
Nachrichten darüber haben, dass es der Einfluss Gregors des
Grossen war, durch den die Regel im Frankenreich bekannt
wurde. Die enge Verbindung des Papstes mit dem fränkischen
Königshaus, mit Brunechildis und ihren Enkeln Theuderich II
und Theudert II würde dieses erklären. Die Thätigkeit Gregors
für die Verbreitung der Regel im Frankenreiche darf aber
nicht dahin verstanden werden, dass er die Ersetzung der anderen
im Frankenreiche geltenden Regeln durch die Benedikts forderte.

Bei der Bestätigung des vom Papste Vigilius gegebenen
Privilegs für das Kloster von Arles[2]), in dem die Regel des
Caesarius galt, und bei Erteilung eines Privilegs an das
Nonnenklosters S. Cassian zu Marseille[3]), in dem die instituta
Cassiani die Norm des Klosterlebens bildeten, dringt Gregor
keineswegs auf die Abschaffurg der dort gebrauchten Kloster-
regeln und Ersetzung durch die Regel Benedikts. Zu einer
solchen Einführung der Regel im ganzen Frankenreiche fehlte
Gregor sowohl die Macht als auch bei der oben geschilderten
Lage der Klosterverhältnisse die Absicht. —

Indirekt trug Gregor vielleicht auch in den Klöstern
Italiens, die unter langobardischer Herrschaft standen, zur
Verbreitung der Regel Benedikts bei. Er sandte nämlich der
Langobarden Königin Theodelinde, die sich zum katholischen
Glauben bekehrt hatte, nach dem Zeugnis des Paulus Diaconus[4])

---

[1]) Löning, „Geschichte des deutschen Kirchenrechts." II, 487.
[2]) Jaffe[2] pr. 1268 vom Jahre 599 und Greg. lib. IX ep. 111.
(Migne P. L. 77, 1042.)
[3]) Jaffe[3] pr. 1090 vom Jahre 596 und Greg. lib. VII ep. 12.
(Migne P. L. 77, 866.)
[4]) Paulus Diaconus, De gestis Langobardorum lib. IV c. 5 (S. S.
rer. Lang. et Ital. Saec. VI—XI S. 117): His diebus sapientissimus

gerade seine Dialoge, in denen er Benedikt so hoch gepriesen hatte, zu. Nähere Nachrichten über die Einführung der Regel in den Klöstern Italiens haben wir nicht. — Wir fassen zum Schlusse kurz das Verhältnis Gregors des Grossen zur Regel Benedikts zusammen. Gregor hatte vor allem die Beförderung des Mönchtums im Auge, nicht wie seine Nachfolger lediglich des Mönchtums in der Benediktinischen Form. Von der Unfehlbarkeit der Regel war er nicht durchdrungen. Gab er doch eine Reihe von Verordnungen über das Klosterleben, die von der Regel Benedikts abweichen [1]). Dies schloss aber bei ihm nicht aus, dass er die Regel Benedikts hoch schätzte und vor den anderen bevorzugte. Besonders wirkte er für ihre Verbreitung durch seine litterarische Thätigkeit. Auf ihn geht auch die Einführung der Regel als Norm des Klosterlebens sicher in Sicilien und England, wahrscheinlich auch in Frankreich und Italien zurück. —

§ 9.
Die Geschichte der Stiftung Benedikts vom Tode Gregors des Grossen bis zum Ende des siebenten Jahrhundert. 604—700.

In dem nun folgenden Zeitraum sehen wir, wie die Verbreitung der Regel Benedikts von Nursia bedeutende Fortschritte macht. In vielen Klostern dringt sie ein; sie vermag zwar noch nicht die früher gebrauchten Regeln zu verdrängen,

---

et beatissimus Gregorius, papa Romanae urbis, postquam alia multa ad utilitatem cunctae ecclesiae scripserat, etiam libros quattuor de vita sanctorum composuit, quem codicem dialogum id est locutionem quia colloquens cum suo diacono Petro ediderat, appellavit. Hos igitur libros praefatus papa Theudelindae reginae direxit, quam sciebat utique deditum et Christi fidei et in bonis actibus esse praecipuam.

1) s. oben § 4. S. 19.

wird aber neben den alten Regeln gebraucht. — Zum ersten Male begegnet sie uns in Frankreich um 620 im Kloster Jussamoutier. Donatus, der Stifter dieses Nonnenklosters, ein Schüler Columbans und Bischof von Besançon, gab seinem Kloster als Norm eine Regel, die nach seinem eignen Zeugnis [1]) eine Zusammenarbeitung der Regeln des Caesarius von Arles, seines Lehrers Columbans und Benedikts von Nursia ist. Um dieselbe Zeit wird uns berichtet, dass der Bischof Desiderius in Aquitanien der Regel Benedikts Eingang in den Klöstern seiner Diöcese verschaffte [2]). Eine Vereinigung der Regel Benedikts mit der Columbans, die als Norm des Klosterlebens galt, wird uns in der Folgezeit von einer grossen Zahl Klöster des Frankenreiches berichtet [3]). Wir finden sie 630 im Kloster Luxeuil, 631 im Kloster Solignac, 636 im Kloster Resbais, 659 in S. Peter zu Sens, 664 in Barisy bei Laon, 664 in Bèze bei Langres, 662 in dem später so berühmten Kloster Corbie und noch einigen anderen Klöstern. Auch in einem der ältesten Klöster Südfrankreichs Lerinum, einer Gründung des heiligen Honorat um 413, fand um die Mitte des siebenten Jahrhunderts die Regel Benedikts Eingang. Ein Mönch Aigulf aus dem Kloster Fleury, der angeblich die Gebeine Benedikts aus den Trümmern Monte Cassinos nach Fleury gebracht haben soll [4]), wurde Abt von Lerinum und machte die Regel Benedikts zur Norm des Klosterlebens [5]).

[1]) Reg. S. Donati prol. (Holstenius I, 377 ff): Quam ob causam saepius mihi iniungitis, ut explorata S. Caesarii Arelatensis episcopi regula, quae specialis Christi virginibus dedicata est, una cum beatissimorum Benedicti quoque et Columbani abbatum ut puta quibusdam ita dixerim collectis in unum flosculis ad instar Enchiridion excerpere vobis vel coacervare deberem.

[2]) Mabillon Act. S. Ord. S. Ben. Praefatio XXXI.

[3]) Löning „Geschichte des deutschen Kirchenrechtes" II, S. 441 ff und Mabillon Act. S. Ord. S. Ben. Praefatio S. XXXI ff.

[4]) Adalbert, Historia translationis S. Benedicti in Galliam (Act. S. S. Tom III Mart. S. 301.)

[5]) Mabillon Ann. S. Ben. Tom. I S. 468.

Ueber die Klöster Italiens, die unter den unaufhörlichen Kriegen schwer litten, haben wir aus dem siebenten Jahrhundert nur wenig Nachrichten [1]. Nur im Kloster Bobbio in Oberitalien, das Columban 609 gegründet hatte, fand um 640 unter dem Abt Bobolenus die Regel Benedikts neben der Regel seines Stifters Eingang, so dass nun die Mönche sub regula sanctae memoriae Benedicti vel reverendissimi Columbani lebten [2]. Es ist aber eine nicht unwahrscheinliche Vermutung, dass von Rom und Sicilien, wo die Regel Benedikts in den von Gregor dem Grossen gegründeten Klöstern gebraucht wurde, auch in andere Klöster Italiens allmälich eindrang.

In England, wohin die Regel Benedikts schon zu Gregors Lebzeiten von Augustin, dem Apostel der Angelsachsen, gebracht war, finden wir sie für das siebente Jahrhundert ausdrücklich bezeugt. Beda berichtet uns in seiner Geschichte des Klosters Weamouth-Jarrow, dass der Abt Biscopus, mit

---

[1] Es wird uns allerdings berichtet, dass 610 zu Rom unter Papst Bonifatius IV eine Synode abgehalten wurde, in der die Frage behandelt wurde, ob die Mönche Kleriker werden könnten. Lucas Holstenius glaubte das Dekret der Synode aufgefunden zu haben. Wenn es ächt wäre, so hätte es eine grosse Bedeutung für die Stiftung Benedikts; es finden sich in ihm die Worte: nam si ex hac causa veteres aemuli vera praedicarent, apostolicae sedis compar beatissimus Gregorius, monachico cultu pollens, ad summam nullatenus apicem conscenderet. Augustinus quoque eiusdem sanctissimi Gregorii discipulus, Anglorum praedicator egregius, et Pannoniensis Martinus beatissimus, cuius sanctitatis famam longe lateque diffusam, totus personat mundus neque enim beatus Benedictus, monachorum praeceptor almificus, huius rei aliquo modo fuit interdictor, sed eos saecularium negotiorum edixit expertes fere tantummodo. Mabillon (Ann. Ord. S. Ben. Tom. I, 289) hielt es noch für ächt und benutzte es für die Geschichte der Stiftung Benedikts (Act. S. Ord. S. Ben. Praef. 46.) Seine Unächtheit ist aber jetzt allgemein anerkannt. (Hefele „Conciliengeschichte III, 65; Jaffé² pr. † 1996; Migne P. L. 80, 103 u. 104; Zöpffel „Bonifacius IV, R E³ II, 587.)

[2] Mabillon Ann. Ord. S. Ben. Tom. I, 828 und 876.

dem Beinamen Benedictus, als er 674 eine Romreise antrat, seine Schüler eindringlich ermahnt habe an der Regel des grossen Benedikt treu festzuhalten [1]).

Biscopus verweist auch die Mönche seines Klosters darauf, dass er die Regel Benedikts in den siebzehn Klöstern, die er auf seinen Reisen kennen gelernt habe, wozu auch das Kloster Lerinum und Canterbury gehört, als Norm des Klosterlebens gefunden habe [2]). In England ist die Regel Benedikts wahrscheinlich allein in Geltung gewesen, da wir von anderen Regeln nichts hören. — Anders steht es aber in Spanien. Mabillon behauptet zwar [3]), dass auch hier die Regel Benedikts schon im siebenten Jahrhundert Eingang in die Klöster gefunden habe, kann aber keine Beweise für diese Annahme beibringen. Dass sie bekannt wurde, ist zwar sicher zu erweisen, da die Regeln Isidors von Sevilla († 636) und des spanischen Bischofs Fructuosus unverkennbar die Regel Benedikts benutzt haben [4]). Auch das Werk des Bischofs Taio von

---

[1]) **Beda Vita S. Abbatum monasterii in Viramutha et Girvum Benedicti, Ceolfridi, Easterulni, Sigfridi atque Huetbercti. lib. I.** (Migne 94, 722): Ideoque multum cavetote, fratres, semper, ne deforis aliunde vobis patrem quaeratis, sed iuxta quod Regula Magni quondam abbatis Benedicti juxta quod privilegii vestri continent decreta, in conventu vestrae congregationis communi consilio perquiratis. Mabillon, Act. Ord. S. Ben. Praefatio 44 u. 45; Ann. Ord. S. Ben. I, 274 ff.

[2]) **Beda, Historia Wiremuthensis lib. I** (Migne 94, 721): Benedictus agebat advenientes frates de custodienda, quam statuerat, regula firmare. Neque enim putare habetis, inquit, quod ex meo haec, quae vobis statui, decreta, indoctus corde protulerim. Ex decem quippe et septem monasteriis, quae inter longos meae crebrae peregrinationis discursus optima comperi, haec universa didici et vobis salubriter observanda contradidi. Mabillon Act. Ord. S. Ben. Praefatio S. 44 u. 45.

[3]) Mabillon Act. S. Ord. S. Ben. Praefatio S. 84 ff. Ann. Ord. S. Ben. I, 74 ff.

[4]) Mabillon Ann. Ord. S. Ben. I, 868 u. Holstenius I, 187 ff. Reg. S. Isidori; Holstenius I, 200 ff. Reg. S. Fructuosi.

Caesaraugusta, der um 650 eine collectio aus den Werken
Gregors des Grossen herausgab[1]), in denen er die Dialoge
besonders lobt, trug gewiss zum Bekanntwerden der Regel
Benedikts bei. Dennoch wurde sie wohl kaum in den spanischen
Klöstern eingeführt, was bei der Abgeschlossenheit des kirch-
lichen Lebens Spaniens in diesem Zeitraum sehr erklärlich
ist. Man gebrauchte hier die einheimischen Regeln des Isidor,
Fructuosus und Hildefonsus. —

Soviel ist jedenfalls gewiss, dass im siebenten Jahrhundert
die Verbreitung der Regel Benedikts in allen Ländern des
Abendlandes mit Ausnahme von Spanien grosse Fortschritte
machte. Mehr oder weniger ist es die Nachwirkung der
Thätigkeit Gregors für den Ruhm der Stiftung Benedikts.
Dennoch finden wir die Regel mit Ausnahme Englands neben
anderen Klosterregeln als Norm des Klosterlebens, mit dem
Anspruch alleiniger Geltung tritt sie in dieser Periode noch
nicht auf.

§ 10.
Geschichte der Stiftung Benedikts vom Anfang des 8. Jahrhunderts bis zur Anerkennung der Regel als alleiniger Norm des Klosterlebens im Abendland.

Im Beginne des achten Jahrhunderts treten uns in der
Geschichte der Stiftung Benedikts eine Reihe epochemachender
Persönlichkeiten entgegen. Die Päpste Gregor II (715—31),
Gregor III (731—41), Zacharias (741—51) und der römische
Legat Bonifacius sind die Fortsetzer dessen, was Gregor der
Grosse begonnen hat. Nur ging das Ziel dieser Männer viel
weiter. Die alleinige Norm für sämmtliche Klöster des Abend-
landes sollte die Regel Benedikts von Nursia werden, damit
so das Mönchtum im römischen Geiste uniformiert würde. —

---

[1]) Gregorii Magni Opera (Migne P. L. 77, 180.)

Zunächst erwarb sich Gregor II, der selbst im Kloster
am Lateran nach der Regel Benedikts gelebt hatte, ein grosses
Verdienst um die Stiftung Benedikts durch den Aufbau des
Stammklosters Monte Cassino, das schon viele Jahrzehnte in
Trümmern lag[1]). Um 720 sandte er zu diesem Zwecke einen
Teil der Benediktinermönche aus dem Kloster am Lateran
unter der Führung des Petronax dorthin[2]). Diese bauten
Monte Cassino mit grosser Pracht wieder auf und Vornehme
und Geringe eilten nach dem neu erstandenen Mutterkloster,
um unter dem Joch der heiligen Regel und den Einrichtungen
des seligen Benedikt zu leben.

Auch der Nachfolger Gregors II, Papst Gregor III bewies
den Benediktinermönchen seine Gunst. Das Kloster am Lateran
in Rom, das durch den Weggang einer grossen Zahl von
Mönchen nach Monte Cassino verödet war, stellte er wieder
her[3]). Das von seinen Vorgängern begonnene Werk zu

---

[1]) Paulus Diaconus, Hist. Lang. (M. G. S. S. rer. Lang. et Ital.
S. 178 u. 79) lib. VI c. 40: Circa haec tempora Petronax, civis
Brescianae urbis, divino amore compunctus, Romam venit hortatuque
Gregorii, apostolicae sedis papae, hunc Casinum castrum petiit atque
ad sacrum corpus beati Benedicti patris perveniens ibi cum aliquibus
simplicibus viris iam ante residentibus habitare coepit. Qui eundem venerabilem virum Petronacem sibi seniorem statuerunt. Hic
non post multum tempus cooperante divina misericordia et suffra-
gantibus meritis beati Benedicti patris iamque evolutis fere centum
et decem annis, ex quo ille habitatione hominum destitutus erat, mul-
torum ibi u.onachorum nobilium et mediocrium ad se concurrentium
pater effectus sub sanctae regulae iugo et beati Benedicti institutione reparatis habitaculis vivere coepit, absque hoc sanctum
coenobium in statum, quo nunc cernitur, erexit. —

[2]) Chronicon Casinense (M. G. IX S. S. VII S. 561): Quo annu-
ente (scl. Petronace) mox cum illo idem venerabilis pontifex (scl. papa
Gregorius) aliquanto de Lateranensi congregatione fratres direxit.

[3]) Liber pontificalis, vita Gregorii Tertii (Migne P. L. 118,
S. 1027): Renovavit monasterium S. Pancratii secus ecclesiam Salvatoris antiquitus institutum, quod ab omni ordine monastico exstiterat
nimia incuria destitutum; ubi et congregationem et abbatem constituit

immer grösserer Auszeichnung der Stiftung Benedikts setzte der Nachfolger auf dem Stuhle Petri, Zacharias, fort. Den Kodex der heiligen Regel, der von Benedikts Hand stammen sollte und der sich seit der Zerstörung Monte Cassinos in Rom befand, gab er dem Petronox, dem Abte des wieder aufgebauten Mutterklosters zurück[1]). Auch durch die Uebersetzung der Dialoge Gregors des Grossen ins Griechische, die Photius als sehr nützlich preist, half er den Ruhm Benedikts von Nursia auch im Orient verbreiten[2]). —

Neben und mit diesen drei Päpsten war die umfassende Thätigkeit des Bonifacius darauf gerichtet, die Anerkennung der Regel Benedikts als alleiniger Norm des Klosterlebens durchzusetzen. Er stammte aus einem englichen Kloster Nhutscelle, das der Regel Benedikts folgte und brachte von dort die Regel nach Deutschland mit. Das von ihm gegründete Kloster Fulda, an dessen Spitze er den Abt Sturm stellte, richtete er naturgemäss nach der Regel Benedikts ein[3]). Von

---

ad persolvenda quotidie sacra officia laudis divinae in basilica Salvatoris Domini nostri Jesu Christi, quae Constantiniana nuncupatur iuxta Lateranis.

[1]) Paulus Diaconus, Hist. Langob. (M. G. S. S. rer. Lang. et Ital. S. 179) lib VI, c. 40: Huic venerabili viro Petronaei insequenti tempore sacerdotum praecipuus et Deo dilectus pontifex Zachariae plura adiutoria contulit, libros scilicet sanctae scripturae et alia quaeque, quae ad utilitatem monasterii pertinent; et insuper regulam quam beatus pater Benedictus suis sanctis manibus conscripsit, paterna pietate concessit.

[2]) Ein Zeichen, dass dieser Papst als ein grosser Protektor der Stiftung Benedikts von Nursia galt, ist auch das ihm untergeschobene Privileg der Exemption des Klosters Monte Cassinos von der bischöflichen Gewalt. Wenngleich es an sich nichts Auffälliges wäre, dass Zacharias ein solches Privileg Monte Cassino gegeben haben sollte, so ist doch das uns vorliegende eine ganz plumpe Fälschung. (abgedruckt in den Act. S. S. Oct. VIII S. 152) s. Jaffé² pr. † 2281.

[3]) Epistola Bonifacii ad Zachariam papam, Mabillon, Act. Ord. S. Ben. Praefatio 44. Auch die Stiftung der Klöster Ohrdruf, (724)

ungleich grösserer Wichtigkeit war aber, dass er durch Synodal-
beschlüsse dieser Regel zur ausschliesslichen Geltung in den
Klöstern verhalf.

Allerdings war zum ersten Male schon im Jahre 670 eine
Synode zu Autun, die unter dem Vorsitze des Bischofs
Leodegar von Autun stattfand, für die alleinige Geltung der
Regel Benedikts eingetreten[1]).
Die Beschlüsse dieser Synode hatten jedoch nur Geltung
im Bereich der auf der Synode versammelten Bischöfe. Diese
Synode war aber keine Nationalsynode, wie Mabillon[2]) aus
der nicht unbeträchtlichen Zahl 54 der anwesenden Bischöfe
schliesst[3]). Dass ihre Beschlüsse mit Ausnahme der Diöcese
Autun keine durchschlagende Bedeutung im Frankenreiche
hatten, ersehen wir aus den Klosterurkunden, wonach auch
noch nach 670 die Regeln Benedikts und Columbans vielfach
in Geltung waren[4]).

Von ungleich grösserer Bedeutung waren die Beschlüsse
des Concils zu Liptinae, das 743 unter dem Vorsitze des
Bonifacius statthatte[5]). Für Mönch- und Nonnenklöster sollte

---

Bischofsheim u. Fritzlar gehen auf ihn zurück. Bonifacius R E[3] II,
581 (Werner.)

[1]) Bruns, Canones Apostolorum et Conciliorum Tom II, S. 278
canones Augustodunenses, c. 15: De abbatibus vel de monachis ita
observare convenit, ut quidquid canonicus ordo vel regula S. Benedicti edocet et implere et custodire in omnibus debeant, si enim haec
omnia fuerint legitime apud abbates vel monasteria conservata, et
numerus monachorum deo propitio augebitur et mundus omnis
per eorum orationes assiduas malis carebit contagiis.

[2]) Mabillon Ann. Ord. S. Ben. I, S. 519.

[3]) Hefele, „Koncliliengeschichte" III, S. 118.

[4]) Löning, Geschichte des deutschen Kirchenrechts II, 442 Anm. 2.

[5]) Canones Concilii Liptinensis c. 7: Ut monachi et ancillae dei
monasteriales inxta Regulam S. Benedicti coenobia vel xenodochia
sua ordinare et gubernare studeant et vitam propriam degere secundum praedicti patris ordinationem non negligant. (Mabillon Ann.
Ord. S. Ben. II, S. 119 nnd Hefele, Koncliliengeschichte II, S. 302.)

künftighin im ganzen Frankenreiche nur eine Regel, die
Benedikts von Nursia gelten.   Diese Beschlüsse wurden ausdrücklich durch ein Rundschreiben des Papstes Zacharias, in
der er sie als die Norm des Klosterlebens bezeichnete, an
alle Fürsten, Bischöfe und Äbte bestätigt.   Wenngleich sie
wohl noch nicht sogleich durchgeführt wurden, da eine Reihe
folgender Concilien [1]) zu Soissons 744, zu Verneuil bei Paris
755, zu Frankfurt 794 sie von neuem einschärften, so war
doch das Ziel der Entwicklung, die Uniformierung des Mönchtums durch alleinige Annahme der Regel Benedikts von
Nursia für das Frankenreich rechtlich fixiert und wurde bald
auch thatsächlich durchgeführt.

Aber nicht auf die Grenzen des sich immer weiter aus-
dehnenden Frankenreiches blieb die Herrschaft der Regel
Benedikts beschränkt.   In England, wo überhaupt nie eine
andere Regel in den Klöstern Geltung erlangt hatte, wurde
durch Concilsbeschluss zu Clofeshoch 747 [2]) der thatsächliche
Zustand auch rechtlich anerkannt: keiner soll die Tonsur
empfangen, der nicht der definitio monasticae regulae genügt.
Dass hier mit regula monastica nur die Regel Benedikts
gemeint sein kann, steht ausser Zweifel, da in demselben
Kanon ein Wort aus der Regel Benedikts „probate spiritus,
si ex deo sunt, (c. 57) citiert wird. [3])

Auch in Italien hat jedenfalls die Regel Benedikts, wenn
wir auch keine ausdrücklichen Nachrichten darüber haben,

---

[1]) Mabillon Act. S. Ord. S. Ben. Praefatio S. 80.
[2]) Canones Cloveshovienses (Councils and Ecclestical Documents
ed Haddan u. Stubbs) c. 24: Vicesimoquarto sancitum est capitulo,
ut is quis saecularium sanctae professionis famulatum subire desiderat
non antea tonsurae habitum suscipiat, quam illius conversatio ac
morum qualitas secundum monasticae regulae definitionem manifestius
probatur juxta apostolicum praeceptum: Probate spiritus, inquiens,
si ex Deo sint, nisi aliqua rationabilis causa, ut antea suscipiatur in
congregationem, rite persuadeat. —
[3]) Mabillon Act. Ord. S. Ben. Praefatio S. 42

durch die ausserordentliche Bevorzugung, die ihr in Rom zu teil wurde, und durch das in neuer Pracht erstandene Mutterkloster Monte Cassino in dieser Periode die anderen Regeln allmälig verdrängt. Nur in Spanien, das durch seine politische Lage auch in kirchlicher Beziehung eine eigene Entwicklung nahm, wurde die Regel Benedikts damals noch nicht als alleinige Norm des Klosterlebens durchgesetzt. Mabillon behauptet dies zwar schon für eine frühere Zeit, kann aber nur zwei Urkunden die des spanischen Klosters S. Vincentii, das von Formista 761 gegründet wurde, und des Klosters Obona, einer Gründung des Alegaster vom Jahre 871 als Beweis beibringen[1]). In den unter maurischer Herrschaft stehenden Klöstern wurden aber sicher die älteren spanischen Regeln in dieser Zeit gebraucht[2]).

Am Ende des achten Jahrhunderts war also mit Ausnahme von Spanien die Regel Benedikts von Nursia durch die grossen römischen Päpste und ihren Legaten Bonifacius, die das Mönchtum im römischen Geiste zu uniformieren strebten, zur alleinigen Norm des Klosterlebens im Abendlande geworden. Dieses Werk fand dann an den fränkischen Königen, Karl dem Grossen und Ludwig dem Frommen, nebst ihren Gehülfen, Alkuin und Benedikt von Aniane, seine Erhalter und Fortsetzer. Noch nicht drei Jahrhunderte nach dem Tode des Stifters von Monte Cassino war seine Regel im Abendlande so eingebürgert, dass die geschichtliche Kenntnis,

---

[1]) Mabillon Act. Ord. S. Ben. Praefatio 8. 36.

[2]) Diese Annahme stützt sich darauf, dass Benedikt von Aniane in der Concordia Regularum (Migne P. L. 108, 747 ff.) die spanischen Regeln berücksichtigte.

[3]) Capitulare duplex Aquisgranense (811) (Migne P. L. 97, 880) interrog. XI: De conversione monachorum et utrum aliqui monachi esse possint praeter eos qui regulam S. Benedicti observant. Inquirendum est, si in Gallia monachi fuissent, priusquam traditio regulae S. Benedicti in has parrochias pervenisset.

wie sie diese Bedeutung erlangt und allmälich die einheimischen Mönchsregeln verdrängt hatte, vollkommen unter-
gegangen war. Karl der Grosse stellt im Capitulare vom
Jahre 811 die Frage an die Bischöfe und Äbte, ob es Mönche
geben könnte, ausser denen, welche die Regel Benedikts be-
obachten und ob es Mönche in Gallien gegeben hätte, bevor
die Regel Benedikts dorthin gekommen wäre. —

§ 11.
Zusammenfassendes Ergebniss der Untersuchung für die Geschichte des Mönchtums.

Bisher wurde Benedikt von Nursia als der Patriarch
aller Mönche des Abendlandes ziemlich allgemein gefeiert und
seine Regel als das epochemachendste Werk in der Geschichte
des Mönchtums beurteilt. Vermöge ihrer Trefflichkeit und
Milde haben sie sich bald als alleinige Norm des Klosterlebens
in sämmtlichen Klöstern des Abendlandes durchgesetzt. —

Dieser Schätzung Benedikts und seiner Regel steht das
Ergebnis unserer Untersuchung entgegen. Über das Leben
Benedikts wissen wir nach genauer Untersuchung der Quellen
nur äusserst wenig. Auch seine Regel, das einzige uns
hinterlassene Werk des Mönchsheiligen, kann, wie sich aus
einem Vergleiche mit älteren oder gleichzeitigen Mönchsregeln
ergeben hat, keineswegs in der Geschichte des Mönchtums
epochemachend genannt werden. Sie ist nur eine geschickte
Fixierung der Entwicklung, die das Mönchtum zu seiner Zeit
genommen hatte, neben anderen ebenbürtigen Werken. Die
Bedeutung aber, welche die Stiftung Benedikts in der Folgezeit erlangte, erklärt sich in erster Linie nicht aus inneren

---

Capitulare interrogationum ad episcopos et abbates (Migne P.
L. 97, 832) interrog. XII: Inquirendum est, qua regula monachi
vixissent in Gallia, priusquam regula S. Benedicti in ea tradita
fuisset, cum legamus, inquiunt, S. Martinum et monachum fuisse et
sub se monachos habuisse, qui multo ante S. Benedictum fuit. —

Gründen, aus der Trefflichkeit der Regel, sondern aus äusseren, aus ihrer Bevorzugung durch die grossen Päpste Gregor I, Gregor II, Gregor III, Zacharias und den römischen Legaten Bonifacius. Während Gregor der Grosse zunächst mehr indirekt die Verbreitung der Regel förderte, strebten seine Nachfolger als Ziel die alleinige Anerkennung der Regel Benedikts als Norm für das Klosterleben des Abendlandes an und setzten es ohne Schwierigkeit durch. Hierdurch wurde das Mönchtum im römischen Geiste uniformiert. Dieses Werk fand dann an den fränkischen Königen, Karl dem Grossen und Ludwig dem Frommen, seine Erhalter und Fortsetzer. —

www.ingramcontent.com/pod-product-compliance
Lightning Source LLC
Chambersburg PA
CBHW022144090426
42742CB00010B/1389